T. Holloway sculp.

MONUMENT
DU
COSTUME
PHYSIQUE ET MORAL
DE LA FIN DU
DIX-HUITIÈME SIÈCLE;
OU
TABLEAUX
DE LA VIE.

TOME PREMIER.

A LONDRES:
Chez C. DILLY, *Poultry.*

M.DCC.XC.

AVIS
DES
ÉDITEURS.

LA fin du dix-huitième ſiècle ſera l'une des époques les plus remarquables de l'hiſtoire. La révolution qui s'eſt faite dans les idées & dans les uſages, eſt digne d'exercer les pinceaux des *Théophraſte* & des *La Bruyère*. C'eſt d'après ces modèles qu'eſt rédigé l'Ouvrage dont nous faiſons l'hommage au Public. Il eſt orné de gravures qui préſentent divers événemens de la vie de ſociété. Elles ſont l'ouvrage des artiſtes les plus habiles de notre tems.*

* Dans l'Edition originaire de cet Ouvrage, on a embelli chaque hiſtoire d'une eſtampe intéreſſante, deſſinée & gra-

Les faits employés dans la plupart des traits relatifs à chaque eſtampe, rempliſſent d'autant mieux le titre de *Coſtume Moral*, que l'auteur *(M. Ret. de la B.)* s'eſt attaché à les prendre dans la vérité. On ſait qu'aucun homme de lettres n'a plus obſervé, n'a recueilli plus de traits frappans dans l'hiſtoire privée de toutes les claſſes de la ſociété. Ces traits peignent la façon de penſer & d'agir du ſiècle ; ils en font l'hiſtoire morale, & ſe trouvent ſi heureuſement adaptés à l'eſtampe, quoiqu'elle ne ſoit qu'une conception générale, qu'ils y cadrent comme ſi elle avoit été deſſinée ſur l'événement. *Rien n'eſt beau que le vrai* .... dit Boileau.

vée par M. MOREAU le jeune, Deſſinateur du Cabinet de S. M. T. C. & par d'autres Artiſtes célèbres. Le Libraire qui préſente au Public cette Edition, a choiſi deux de ces Eſtampes, qu'il a fait graver par M. HEATH ; & il en a placé une à la tête de chaque Volume.

4

On paſſe en revue les différentes ſituations où peuvent ſe trouver les deux ſexes, dans le cours ordinaire de la vie.

TABLEAU I.

Nous pouvons citer LA DÉCLARATION DE GROSSESSE : circonſtance importante, qu'on enrichit ici du précepte, & qu'on égaie par l'exemple.

TABLEAU II.

LES PRÉCAUTIONS en ſont la ſuite néceſſaire : on y trouve des traits raſſurans, & une hiſtoire intéreſſante.

TABLEAU III.

On peint dans l'HEUREUX AUGURE, ou le PRÉSAGE ACCEPTÉ, les mœurs des gens du monde & du peuple.

TABLEAU IV.

N'AYEZ PAS PEUR, MA BONNE AMIE, offre des détails utiles & amusans ; l'on s'y déclare pour un usage que la pudeur & la sureté des femmes semblent réclamer.

TABLEAU V.

On voit dans le Tableau, C'EST UN FILS, MONSIEUR ! la vive expression des sentimens de la civilisation, plutôt que de ceux de la nature : car celle-ci, pour la population, demande des filles ; c'est son vœu, dans toute la nature animée. Mais dans l'état social, on demande un fils, pour perpétuer le nom. C'est une invention moderne que le nom de famille : chez les anciens on ne conservoit le souvenir que de deux générations ; il faut cependant en excepter les Héraclides, & les peuples dont le nom avoit celui de leur Patriarche pour patronyme, comme les Iſraélites, les Moabites, les Ammonites, les Madianites, &c.

On a joint ici quelques anecdotes intéreſſantes, & qui ne feront peut-être pas tout-à-fait perdues pour l'exemple.

TABLEAU VI.

Les petits Parains offrent entre autres un trait véritable, qui donnera aux parens un moyen de remplir de bonne heure, & ſans danger, le cœur de leurs enfans.

TABLEAU VII.

C'eſt un trait charmant d'une de nos Princeſſes que les Délices de la Maternité.

TABLEAU VIII.

Le ſigne & la choſe ſe trouvent à l'uniſſon dans l'ACCORD PARFAIT. Il ne faut pas oublier que le chemin du cœur le plus sûr pour un amant, c'eſt celui de l'accord de ſa voix avec celle d'une belle : les cœurs ſuivent toujours leur organe, & le goût du chant ſe change en celui de la perſonne.

TABLEAU IX.

Nous ne dirons rien du RENDEZ-VOUS POUR MARLI : c'eſt un trait très-voilé, trop récent encore.

TABLEAU X.

Le trait de préſomption qui ſe trouve raconté dans LES ADIEUX, eſt arrivé mille fois en France. M. *Marmontel* en a fait un conte charmant ; & M. *de Chabanes*, une comédie infiniment agréable ; mais tous deux sans se copier. Nous ne les avons imités ni l'un ni l'autre ; nous avons notre original.

TABLEAU XI.

On trouve une triple anecdote, sous le titre, LA PROMENADE DU BOIS DE BOULOGNE : nous la tenons d'une Dame de qualité, l'une de celles qui y font un rôle.

TABLEAU XII.

C'est dans le Tableau intitulé LA DAME DU PALAIS, que se trouve un de ces traits anecdotiques, assez fréquens, mais toujours cachés, qu'on ne peut raconter qu'en les déguisant beaucoup.

Jusqu'à présent les Femmes *ont joué le premier rôle : les* Hommes *vont avoir leur tour.*

TABLEAU XIII.

Le Lever de Monsieur. Voici un de ces traits bisarres qui peignent le siècle, comme celui de *Philomène*, dans Pétrone, peint celui de *Néron.*

TABLEAU XIV.

La petite Toilette. A cette occasion l'on raconte un trait qui n'est pas à l'honneur des mœurs actuelles : mais qu'y faire ? Il faut bien les peindre telles qu'elles sont.

TABLEAU XV.

La grande Toilette de Monseigneur. On voit ici la dédicace d'un livre, une favorite, & un auteur faire ſon chemin. La dernière choſe eſt la ſeule extraordinaire.

TABLEAU XVI.

La Matinée. On attribue ce trait à un Marquis, plus connu par ſa liaiſon avec un homme célèbre que de toute autre manière.

TABLEAU XVII.

La Course de Chevaux. C'eſt une imitation Angloiſe. Mais on ne la tranſplantera pas ici, cette ſimple ; elle eſt exotique, & le climat ne lui eſt pas favorable. L'aventure eſt un peu dans le genre Anglois.

TABLEAU XVIII.

Dans le Pari gagné, on retrouve quelque choſe qui ſe ſent de la première partie de *Caroline :* il faut avertir que l'hiſtoire étoit faite bien avant que le roman parût.

TABLEAU XIX.

Le jeu eſt un grand *écueil !* On tient le trait hiſtorique de la PARTIE DE WISCH du *roué* qui en eſt le héros.

TABLEAU XX.

OUI OU NON ! Charmante ſituation, où s'eſt trouvé l'un des hommes les plus aimables du royaume.

TABLEAU XXI.

Voici une ſituation un peu vague, LA SURPRISE, qu'il a fallu exprimer par une de ces aventures qu'on rencontre partout : cependant celle-ci eſt piquante, & peut donner une leçon aux Provinciales.

TABLEAU XXII.

La petite Loge. Deux aventures ſingulières, dont les mœurs actuelles n'auront certainement pas fait prévoir le dénouement.

TABLEAU XXIII.

La Sortie de l'Opéra. Beau ſujet! Site charmant, quoique trop fugitif! Voici des fineſſes, de l'art! O Bocace! Bocace! que n'as-tu vu notre Sortie de l'Opéra?

TABLEAU XXIV.

Le Souper fin. L'on ne peut mieux terminer la journée! Ce n'eſt que dans les capitales qu'on fait de ces parties-là: elles feroient trop viſibles ailleurs. Celle-ci offre une double intrigue, & des exemples vrais.

TABLEAU XXV.

Le Seigneur chez son Fermier. Les ames honnêtes & ſenſibles ne liront point ſans attendriſſement cette hiſtoire récemment arrivée.

TABLEAU XXVI.

Le vrai Bonheur. Ce n'eſt point ſans regret que la vérité de l'hiſtoire nous a forcés ici de donner un démenti à ce titre.

TABLEAUX DE LA VIE.

TABLEAU PREMIER.

DÉCLARATION DE LA GROSSESSE.

— " CROYEZ-VOUS, Maman ?"

" Oui, ma fille : ce que vous éprouvez eſt le ſymptôme ordinaire."

" Certainement, ma fille," s'écria M. D'ORMOND, qui venoit de prendre ſa taſſe de chocolat, & qui tenoit déjà ſa canne à bec de corbin pour s'en aller.

« Mon mari ſera donc bien content !"

" Si j'oſois lui annoncer la première une ſi heureuſe nouvelle !" diſoit à part une jolie femme de chambre, qui tenoit la porte entr'ouverte.

——" Ma chère enfant," reprit la mère, " vous voilà donc dans la ſituation qui rend la femme un objet ſacré pour ſon mari : M. D'ORMOND votre beau-père eſt au comble de la joie !"—

" Vous m'étiez bien chère, ma bru ! mais vous me le devenez aujourd'hui cent fois davantage."

Après ce petit colloque, la mère & le beau-père ſortirent de chez la jeune femme, & ils allèrent trouver le mari.

——« Je ne vous recommande pas les complaiſances, mon fils," dit M. D'ORMOND ; « vous aimez votre femme, & elles vous feront naturelles."—

« Mon cher gendre," dit la mère de la jeune épouſe, « il eſt important de ne pas la contrarier : ſon fruit en ſouffriroit ; & vous auriez un fils ou une fille mauſſade. Tenez-la dans la gaieté."

Cette leçon donnée au mari, déjà prévenu par la ruſée PE'TRONILLE, le père & la belle-mère s'en retournèrent chacun chez eux, dans leurs antiques caroſſes, traînés par des chevaux mûris par l'âge, comme il feroit à déſirer que fuſſent tous ceux de la capitale.

M. D'ORMOND LA GAI, après avoir remercié PE'TRONILLE, entra chez ſa femme.

« Je viens, ma bonne amie, d'apprendre une nouvelle qui me comble de joie. »

« Je la partage, Monſieur. »

« Vous la cauſez, mon amie : je vous devois le bonheur ; je vais vous devoir la paternité, le plus beau des titres, celui qui honore l'homme, & le rapproche de la Divinité ..... Ma chère HORTENSE, que je vous dois ! »

M. DE LA GAI penſoit bien ce qu'il diſoit, quoiqu'il trouvât PE'TRONILLE jolie : pénétré de ce qu'il devoit à ſa femme, qui lui avoit toujours paru aimable, il étoit à cent lieues d'une infidélité .... Qui l'y amena donc ? .... Sa femme.

Madame DE LA GAI, cette HORTENSE, juſqu'à ce moment ſi aimable, qui fut ſi touchante encore dans les premiers tems de sa grossesse, c'est-à-dire avant qu'elle ne fût déclarée, ne se vit pas plutôt un objet sacré pour deux familles, que la tête lui tourna : elle devint d'abord mignarde, puis exigeante, puis capricieuse, puis insupportable ; &, au lieu de remplacer ce que sa grossesse lui enlevoit de graces, par ce ton affectueux & tendre, par cette propreté de négligé qui surpasse la parure (elle ne convient point alors), Madame DE LA GAI s'abandonna imprudemment à deux choses également dangereuses : elle devint peu soigneuse de rendre son état intéressant ; & elle marqua une humeur désagréable. Le comble de ce tort, déjà si grand, c'est qu'elle exigeoit que son mari fût toujours auprès d'elle ; & c'est le tems où la femme devroit le plus faire désirer sa présence.

M. D'ORMOND, père, étoit philosophe ; il débitoit à ses enfans de fort bonnes chofes : par exemple il leur difoit—" La *Callipédie de Guillet* n'eft une fottife que dans le livre de cet auteur ; le fond de la doctrine eft réel : il eft un art de faire de *beaux enfans* ; c'eft de régler fes paffions, dès le moment de leur conception. Si vous êtes trop exalté par la tendreffe, vous procréez des êtres foibles, ardens, fufceptibles d'être très-bons ou très-mauvais fujets, mais qui ordinairement ne vivent pas : fi l'on eft exempt de paffions, on fait des fots, dont la figure eft régulière ; fi l'on fouffre au moral, on fait des laids méchans ; fi l'affreux libertinage excite une coupable effervefcence, on fait des MONSTRES ; c'eft pourquoi les bâtards des filles perdues font prefque toujours des SCÉLÉRATS. Mes enfans, réglez tous vos défirs ; foyez gais, contens. Pendant la groffeffe de ma bru, qu'elle n'éprouve aucune paffion défagréable : après la naiffance, préfervez votre fils ou votre fille de la douleur, du mauvais exemple, même avant l'ufage de la raiſon ; car la mémoire conſerve des choſes non compriſes ; & ſouvent ce qu'on appelle *mauvaiſes diſpoſitions* des enfans, n'eſt qu'un reſſouvenir confus."

Ce diſcours & beaucoup d'autres redoublèrent l'exigeance d'HORTENSE : elle ne ſe gênoit en rien, afin d'être contente ; & elle vouloit que ſon mari ſe contraignît en tout.

Ses premiers caprices furent les *envies* : elle vouloit qu'il lui donnât tout ce qui lui paſſoit par la tête ; & les choſes les plus ridicules étoient toujours celles ſur leſquelles HORTENSE inſiſtoit davantage. Tantôt elle exigeoit le chien ou la perruche de Madame de * * *, tantôt un de ſes bijoux : elle voulut avoir un couſſin de la Reine. Tout lui fut donné avec des peines infinies : & elle dédaignoit tout, dès qu'elle l'avoit. Enfin un ſoir elle demanda *la lune !*

Son mari étoit désolé.—

Il faut observer que la femme qui faisoit ces demandes extravagantes, étoit délabrée, ses bas non tirés, avec des chaussures avachies.

M. DE LA GAI consulta son père, pour donner *la lune* à sa femme. Le vieillard éclata de rire. Mais il fit faire un globe aërostatique, y suspendit un rond lumineux, & fit ainsi descendre la lune chez sa bru : en la prenant, la folle manqua d'éprouver le sort de Sémélé.

Cependant, l'époux impatienté remarquoit les graces piquantes de PETRONILLE : cette jeune fille, très-maltraitée par Madame, eut envie de s'en venger ; & elle se laissa dire de jolies choses par Monsieur .... Qu'importe que l'infidélité soit complette ? C'est toujours le plus grand des malheurs pour une femme que de perdre le cœur de ſon mari.

Heureuſement pour Madame DE LA GAI, ſa mère s'apperçut de ce qui ſe paſſoit. Elle obſerva ſa fille : elle trouva que le mari, quoique très-coupable, n'avoit pas tous les torts : elle donna des conſeils à la jeune épouſe ; elle lui en fit ſentir l'importance, & parvint à la ramener.

Madame DE LA GAI fut effrayée du danger qu'elle avoit couru de perdre le cœur de ſon mari.

Elle voulut redevenir aimable même avant ſes couches ; & elle le redevint par la recherche des graces qui lui convenoient, par une tendreſſe raiſonnable, & par la dignité d'épouſe.

Elle ne renvoya pas PE'TRONILLE : au contraire, elle lui témoigna de l'amitié.

Elle éloigna de cette fille, jufqu'à l'idée qu'elle l'eût foupçonnée : elle s'en fit aimer; elle lui rendit agréable le retour fur elle-même, en la préfervant de la honte, & s'en fit une amie folide.

M. DE LA GAI, étonné de ce changement, reprit du goût pour fa femme : mais un jour il crut devoir excufer fon refroidiffement à PE'TRONILLE. Cette jeune fille ne lui répondit qu'en fondant en larmes.—" Jamais, jamais," lui dit-elle, " il ne fut d'auffi bonne maîtreffe ! c'étoit une maladie qu'elle avoit; & je fuis au défefpoir de l'avoir haïe !"

Sa maîtreffe l'entendoit.—" A quoi je me fuis expofée, en comptant trop fur mes droits ! Ah ! rien n'eft sûr dans la vie; & il faut toujours fe conduire comme fi l'on étoit prêt à perdre le cœur de fon mari."

La mère d'HORTENSE continua de donner d'excellens conſeils à ſa fille, entre autres celui-ci :—" Ce n'eſt pas femme, c'eſt fille que vous avez plu à votre mari : dans le mariage, il faut qu'il retrouve en vous, le plus long-tems qu'il ſe pourra, HORTENSE DE LORME plutôt que Madame DE LA GAI.

Voilà le mot : " *Propreté, modeſtie, pudeur de fille, rendent le mari long-tems amant de ſa femme.*

TABLEAU II.

LES PRÉCAUTIONS.

LES femmes quelquefois ſont imprudentes, & ridicules quelquefois, par les précautions.

« Appuyez-vous ſur mon bras, Madame, & poſez le pied avec ſureté. »

« Ouvrez la chaiſe à porteurs, » dit le mari, qui ſoutenoit de l'autre côté.

La jeune & douce beauté (elle n'a que quinze ans) entre dans ſa chaiſe, eſt doucement portée par deux grands laquais picards, & va ſe promener aux Tuileries. Le Duc avoit près de quarante ans.

" De quel précieux dépôt la nature a chargé la femme!" dit-il à ſon beau-frère, en allant à pied, car le jardin n'étoit qu'à deux pas—" elle porte toute ma poſtérité!"

" Peut-être des héros futurs," dit le jeune Prince de L***.

" Votre ſang & le mien en ont produit plus d'un," reprit le Duc.

Arrivés à la porte des Tuileries par la cour du manège, les porteurs s'arrêtèrent: le frère & le mari préſentèrent la main à celle qui leur étoit ſi précieuſe; & ils entrèrent dans l'allée des Feuillans.

Les marroniers étoient en fleur: c'étoit le plus beau jour du mois de Mai. La Ducheſſe reſpiroit avec délices le parfum des fleurs; & la douce influence du rayonnant époux de la nature, donnoit un nouvel éclat à ſes charmes.

Qu'elle étoit belle ! mais mille fois plus intéreſſante encore !

Le Duc la regardoit avec cette admiration concentrée, qu'on pourroit nommer la jouiſſance complette de ſoi-même & de tout ce qui nous appartient.

En ce moment, la Ducheſſe poſa ſon pied délicat ſur un petit caillou rond, qui la fit hauſſer de deux lignes. Elle en ſourit : mais le Duc effrayé devint pâle ; il fut au déſeſpoir d'être ſorti.

Le Prince de L*** le raſſuroit : mais qui pouvoit raſſurer un mari de quarante ans, qui n'avoit point eu d'enfans d'une première femme !

Il étoit prêt à faire appeler les porteurs.

“ Je vous en prie,” lui dit-elle, “ laiſſez-moi reſpirer ici l'air & la verdure ; je m'y trouve délicieuſement.”

Il étoit douteux que le Duc y eût conſenti, lorſque le jeune Prince apperçut le Docteur TRONCHIN au bas de la terraſſe— “ A nous, Docteur!” lui cria-t-il ; “ venez un peu pour raſſurer Monſieur le Duc.”

Le Docteur chercha un eſcalier, & monta.

“ Vous allez voir qu'il me fera promener,” dit la jeune Ducheſſe.

“ Madame, il vous preſcrira des précautions plus grandes encore.”

“ Oh, qu'il ne vienne donc pas !”

Le

Le Docteur les aborda.—" Est-ce que Madame est trop foible," dit le Docteur, " que vous la soutenez l'un & l'autre, & qu'elle va comme si elle marchoit sur des œufs ?"

" Non, Docteur ! Madame est.... grosse, &...."

" Marchez-vous bien, Madame ?"

" Le mieux du monde. C'est Monsieur le Duc qui ne veut pas que je fasse un pas librement."

" Pourquoi ?"

" Mais le dépôt précieux... que Madame porte...."

" S'accommode fort mal de vos prétendues *précautions*. Vous gênez tous ses mouvemens : ſi elle fait le moindre faux-pas, vous doublez la ſecouſſe, en la ſoutenant avec précipitation."

" C'eſt ce que vous venez de faire, Monſieur," dit la jeune Ducheſſe.

" Laiſſez Madame libre ; qu'elle marche, qu'elle coure ; ſeulement, qu'elle ne tombe pas !"

Le Docteur prit la main de la jeune Dame, la fit deſcendre vers le baſſin octogone, & marcher ſans précaution ; en recommandant de faire la même choſe tous les jours, ſi l'on ne vouloit pas qu'elle mît au monde un enfant débile & plein d'humeurs.

On monta ſur la terraſſe de la rivière. Le Duc étoit peiné, malgré lui, toutes les fois que la jeune épouſe ſe penchoit ſur le parapet, pour regarder les carosses & ce qui se passoit au pied de la terrasse, le long de la chaussée; mais il étoit retenu par la présence du Docteur.

Aux environs de la porte du Pont-royal, la jeune Duchesse apperçut une femme d'une assez jolie figure, mais pâle, & qui paroissoit languissante, ayant un enfant sur ses bras, un devant elle, qui paroissoit l'aîné, & deux autres qui tenoient chacun un côté de son tablier. Elle fut frappée de la jolie figure des enfans, & sur-tout de l'air souffrant de la mère.

« Ah! Monsieur," dit-elle au Duc, " que cette femme & ces petits enfans m'intéressent!"

« Tant mieux," s'écria le Docteur: « Monsieur le Duc, saisissez cette heureuse occasion; vous allez procurer à Madame, pendant le reste de sa grossesse, des émotions douces & bienfaisantes, qui passeront à votre fils ; & il aura une belle ame."

Le Duc, à ces mots, n'appela pas ses gens ; il courut lui-même, sortit des Tuileries, & joignit la femme, comme elle montoit les deux marches du Pont.—— " Madame," lui dit-il, " Madame la DUCHESSE D*** voudroit vous parler.... Venez, elle est là, sur la terrasse ; .... & il la lui montra." La femme suivit le Duc en rougissant.

La jeune Duchesse fut enchantée que la pâleur de la femme fût un effet de sa grossesse : elle lui demanda qui elle étoit ? si elle avoit quelque aisance ? La femme répondit dans un langage qui marquoit de l'éducation :

" Madame, je suis de province ; j'ai été femme de chambre de Madame la MAR-

QUISE DE D*** ; j'avois quelque figure : j'eus le malheur de plaire à un homme marié, encore aimable, & aſſez riche pour m'offrir l'aiſance ; il avoit deux mille écus de revenu. Il ſe déguiſa ſi bien qu'il ſe fit paſſer pour garçon. Il me demanda en mariage ; mais comme j'étois fort attachée à Madame la Marquiſe, je dis qu'il falloit s'adreſſer à elle. L'homme ſe préſenta, & mit en avant les avantages qu'il propoſoit de me faire. Madame de D*** fut bien embarraſſée : elle vouloit me garder ; mais elle ne vouloit pas me faire manquer un ſi bel établiſſement. Elle tira les dés, pour ſavoir que décider. Les dés furent pour que je reſtaſſe avec elle. Malheureuſement ſon mari entra en ce moment. Il ſe moqua d'elle & de moi. C'eſt qu'il y avoit à la maiſon un grand fils, qui paroiſſoit me voir avec quelque plaiſir : ce fut ce qui détermina mon mariage. J'ai été heureuſe cinq ans : mon mari me chériſſoit ; & moi je lui rendois la pareille. Enfin, il y a trois mois (je ſuis enceinte de quatre & demi) je vis rentrer mon mari effaré; il m'embraſſa, il embraſſa ſes enfans; il me donna un contrat de douze cents francs, dont il me dit de ne pas parler: il ajouta qu'il étoit ruiné, & qu'il s'en alloit en pays étranger. Je lui répondis, en pleurant, que je voulois aller avec lui.—"Cela ne ſe peut pas," me dit-il, "je n'ai que le tems de me ſauver ſeul. Adieu."

"Jugez de ma peine, Madame la Ducheſſe .... mais elle a été bien plus grande, ces jours paſſés, quand j'ai vu arriver chez moi une femme furieuſe, qui m'a dit les injures les plus groſſières: elle me reprocha de lui avoir enlevé ſon mari .... Que vous dirai-je, Madame? tout s'eſt éclairci; me voilà, & mes quatre enfans (tout-à-l'heure cinq), avec douze cents francs, au lieu de ſix mille .... me voilà .... ſans état, ainſi que mes pauvres enfans.

La Ducheſſe étoit attendrie.

" Vive-Dieu," s'écria le Duc, " j'aurai ſoin d'eux & de vous .... Madame, ne le voulez-vous pas ?"—

La jeune Ducheſſe ſe jetta dans les bras de ſon mari :—" Donnez-les moi, tous ! ils ſont charmans : celui qu'elle porte, ſera le camarade du vôtre."—

On s'en retourna, car il étoit trois heures : la Ducheſſe entra dans ſa chaiſe à porteurs, faute de caroſſe. Elle s'amuſa dans l'après-dîner à faire préparer ſous ſes yeux le logement de la mère & des enfans; & tous les jours elle ſortit avec l'infortunée dont elle avoit eſſuyé les larmes : elle portoit même quelquefois l'enfant à la mammelle, en diſant : " Sa mère le porte bien, quoique enceinte comme moi."

Elle eſt heureuſement accouchée d'un fils ; elle eut une fille l'année ſuivante ; & le Duc ſe trouve parfaitement heureux.

Il ne faut que ſe fortifier par l'exercice, au lieu de s'affoiblir par une inertie complette : les REINES ſe bleſſent plus ſouvent que les BERGERES.

TABLEAU III.

J'EN ACCEPTE L'HEUREUX PRÉSAGE.

« QUE la première année du mariage eſt délicieuſe ! Tout y eſt nouveau : l'homme & la femme y éprouvent les émotions les plus vives & les plus douces ! »...

C'eſt ainſi que s'exprimoit le MARQUIS DE S***, en parlant à ſon ami le VICOMTE DE T*** R***.

Le Marquis étoit marié depuis ſix mois, avec une jeune épouſe dont il étoit chéri : elle avoit fait ſa fortune ; mais il lui avoit donné l'illuſtration, un titre.

Tout en cauſant avec le Vicomte, il lui vint une idée qu'il prépara pour le lendemain. Il entra dans l'appartement de ſa femme, à l'inſtant du déjeûner, s'aſſit à côté d'elle, & lui demanda ſi elle feroit bien aiſe de voir une marchande, qu'il avoit mandée.

« Tout ce qu'il vous plaira, mon ami, » lui répondit, en ſouriant, la Marquiſe.

Il ſonna.

Une femme de chambre, groſſe réjouie, accourut, en diſant : « Monſieur, ſi c'eſt pour la marchande de layette, Madame Marganne eſt là. »

« Faites entrer, » dit le Marquis.

La marchande parut, ſuivie d'une fille qui portoit un joli coffret roſe, garni de rubans, de gazes, & de dentelles.

« C'eſt une layette de garçon, Madame ?" demanda le Marquis.

« Oui, Monſieur"... & elle lui préſenta un bonnet.

M. DE S*** le prit ſur le poing, & le montra à ſa jeune épouſe.—« Il eſt joli."

« *J'en accepte l'heureux préſage !*" lui répondit-elle avec ce doux & modeſte ſourire qu'une femme ne prend jamais qu'avec ſon mari (car avec les enfans le tendre remplace le modeſte).

La groſſe réjouie regardoit tout cela, appuyée ſur le doſſier de ſa maîtreſſe, & marquoit beaucoup de ſatisfaction.

On acheva l'inventaire du joli coffret ; & Madame MARGANNE le laiſſa tout entier.

Lorſque les deux époux furent ſeuls, le Marquis dit à ſon épouſe : « Voilà un des plus beaux jours de ma vie : je vais être PÈRE ; je le ſerai par vous ! j'eſpère un fils.... j'eſpère d'autres enfans ! il y en aura qui feront du ſexe de leur mère, & qui multiplieront ſa chère image ! » ....

« Et votre fils, » dit la Marquiſe en rougiſſant, « ne me repréſentera-t-il pas ſon père ? ... Si vous ſaviez combien je le déſire ! ... & j'ai pour cela un puiſſant motif ! »

« Quel eſt-il, mon amie ? »

« Je me plais à me figurer qu'il te reſſemblera parfaitement... que je te reverrai dans lui à toutes les époques de ta vie, qui ont précédé l'inſtant de notre connoiſſance.... Quand il commencera de parler... je dirai : « Voilà comme étoit ſon père »...

Il grandira.... Je verrai ſes petits jeux, comme étoient les tiens...ſa joie naïve, comme étoit la tienne...ſes petits caprices, ſes petites humeurs...& je dirai : " Voilà comme il étoit".... A quinze ans, lorſque la raiſon commence à prendre de la ſolidité ; le cœur, une bonté ſolide & raiſonnée ; j'examinerai bien s'il a celles de ſon père... Ah ! il les aura, mon ami ! Ton fils aura toutes tes qualités ! ... Mais il faudra l'élever bien doucement."

Elle ſe tut.

Son mari, la bouche entr'ouverte, l'écoutoit encore.... " Parle ! ah, parle !" lui dit-il, après un quart-d'heure de ſilence ; " Ange céleſte, Créature divine, formée pour mon bonheur, parle ! jamais je ne me laſſerai de t'entendre...O bienfait du ciel ! Femme ! que je plains l'être infortuné qui ne ſent pas ce que tu vaux ! Mais ſi tu n'as plus rien à dire, je répéterai pour ta fille, ce que tu viens de dire pour mon fils."

En ce moment, on annonça une viſite c'étoit le VICOMTE DE T*** R***.

" Mon ami," dit-il au Marquis, " nous ſommes heureux, nous autres . . . . Nous avons de la fortune, de l'aiſance au moins . . . . Et mieux que tout cela, nous avons des ſentimens. Ils nous donnent une ame fortifiée dans la bonté, par les gens ſages qui nous ont élevés."

" Tu as raiſon, mon ami," répondit le Marquis : l'éducation d'un ſage inſtituteur n'eſt bonne, que parce qu'elle cumule ſur nous toute ſa longue expérience, & que nous commençons notre carrière avec les lumières que nous aurions eues à 40 ans ; c'eſt donc avec bien de la raiſon qu'on a dit que l'éducation fait les hommes.... Mais ſi les lumières font notre ſureté, les ſentimens font notre bonheur : ils ſont le réſultat & l'application des lumières."

" Fort bien," dit le Vicomte ; " & tu m'entends parfaitement ! .... Je paſſois tout-à-l'heure par la petite rue *Saint Anaſtaſe* ; j'ai vu ... un mari ... & une femme enceinte ... qui ſe battoient ... ; le ſujet de leur querelle, étoit une fille de dix ans, que la mère avoit corrigée, & qui étoit allée ſe plaindre à ſon père, maître tonnelier. Cet homme eſt venu furieux ſe jetter ſur ſa femme. Ce qui m'a ſurpris, c'eſt que tandis qu'il la traînoit par les cheveux, la petite fille le frappoit pour lui faire lâcher priſe ... Je les ai ſéparés. Ce qui a d'abord excité ma curioſité, ç'a été de ſavoir le motif de la petite fille qui défendoit ſa mère.—"Comme !" m'a-t-elle dit, "il la bat plus fort qu'elle ne m'a battue ! il ne devoit la battre qu'autant."—"Et pourquoi votre mère vous a-t-elle corrigée ?"—"Vous êtes ben curieux !"—"Je veux le ſavoir."—"A cauſe que vous êtes un *Monſieù !*"—"Oui : un *Monſieù* a du pouvoir ; & je puis vous faire châtier."—"Je me moque ben d'vous !"—J'ai demandé à la mère, pourquoi elle avoit corrigé ſa fille.—"Monſieur," m'a dit cette femme, en ſanglotant, "je n'en ſaurois venir à bout, parce qu'elle eſt ſoutenue en tout par ſon père, qui l'aime trop. Elle ne m'obéit pas ; elle ne veut rien apprendre ; elle court & poliſſonne avec les petits garçons : c'eſt pour cela que je l'ai corrigée avec cette petite baguette. Et comme ſon père lui a dit qu'il me rendroit les coups que je lui donnerois, elle a été le trouver,

trouver, en lui portant la baguette, & me menaçant que j'allois en avoir .... A ce récit, j'ai regardé l'homme. Il étoit confus. Je lui ai parlé. J'ai compris que c'étoit un homme brutal, fort violent, qui n'avoit pas le cœur mauvais, & auquel l'éducation feule avoit manqué. Je lui ai fait des remontrances amicales, qu'il a fort bien reçues. Je lui ai fait comprendre que fa fille feroit un jour un monftre, capable de tous les vices; & je lui ai propofé de la mettre pour quelque tems dans une maifon où elle feroit efficacement réprimée. Il n'a pu y confentir: mais je l'ai fait convenir avec fa femme, devant fa petite, que la mère feroit abfolument maîtreffe de cet enfant. J'y veillerai; je vous prie d'y veiller auffi, puifque c'eft à votre porte; d'intimider le tonnelier, d'impofer à la petite fille, & de marquer de la confidération à la mère, qui m'a paru bonne femme.

" Je frémis," dit la Marquise.

" Et l'on nous parle des *Hottentots !*" continue le Marquis. " Dans la même ville, au sein d'une capitale policée, nous avons des Hottentots à notre porte !"

" Soyons modestes," dit le Vicomte ; l'éducation nous a faits."

" O mon cher !" dit la Marquise à son mari, " qu'il faudra bien élever ton fils !.... Je demandois de la *douceur* ; il faudra de la *raison*."

" J'étudierai son caractère, & j'accorderai tout."

" Oh ! ne le sacrifie point à ma sensibilité de mère ! . . . Mon ami, quelquefois les mères . . . sont trop indulgentes !"

On alla dîner chez le Vicomte, où l'on trouva une mère qui gâtoit ses enfans ! Le père en gémissoit....mais il cédoit à sa femme.

" Il faut," dit le Marquis, au retour, " profiter de ce qu'il raconte, pour éviter ce qu'il fait."

TABLEAU IV.

N'AYEZ PAS PEUR, MA BONNE AMIE.

" JE ſuis femme comme vous ; j'ai paſſé par l'état où vous êtes ; & je défie les plus habiles accoucheurs de ſavoir ce que je fais, de vous ſoulager auſſi délicatement, auſſi à propos."

" C'eſt auſſi ma façon de penſer," dit la ſœur aînée de la modeſte Madame D'ANGLESEY.

" Je ſuis perſuadée," leur dit celle-ci déjà étendue ſur des couſſins . . . . " Mais, peut-on ſe défendre . . ."

" *N'ayez pas peur, ma bonne amie!*" cria le mari, à qui la ſage-femme, en arrivant, avoit fait ſigne de ſe retirer ; " j'aurai là M. ALPHONSE & M. GOUBELLI tout prêts."

" J'ai confiance en Madame, mon ami ; elle eſt inſtruite par l'art & par la nature."

" Ma ſœur eſt raſſurée," dit Madame de NORLIN .... " mais qui nous a donc amené l'uſage de nous ſervir des HOMMES, dans une circonſtance qui paroît eſſentiellement du reſſort des FEMMES ?"

" Vous ſavez, Meſdames," répondit la matrône, " que les enfans des Souverains ſont toujours extrêmement précieux : on a cru ne pouvoir employer trop de moyens pour les conſerver. Louis XIV avoit des médecins qui commençoient à être inſtruits : les ſages-femmes, au contraire, l'étoient fort peu : on confia l'accouchement de la Reine aux premiers. Une Reine n'a pas une pudeur comme les autres femmes ; elle eſt au-deſſus de tout le monde, & ne rougiroit qu'avec des Rois, ſi le haſard en réuniſſoit pluſieurs à ſa Cour ; elle ſouffrit donc la main des HOMMES : les maîtreſſes du Grand Monarque imitèrent la Reine ; les Ducheſſes imitèrent les maîtreſſes ; tout ce qui étoit noble ou riche en fit autant ; & l'uſage eſt deſcendu par degré juſqu'aux femmes de l'artiſan. La pudeur naturelle nous a ſeule conſervé quelques pratiques ; mais la raiſon nous en rend aujourd'hui de nouvelles. Une fille, dans notre état, ne vaut pas mieux qu'un homme : mais une femme mère a un guide intérieur ; elle ſent ce qu'éprouve celle qu'elle ſoulage, comme ſi elle ſe ſoulageoit elle-même. Elle ne lui fait faire aucun mouvement à faux ; enfin elle ne haſarde rien, parce qu'elle s'identifie."

•

"Vous m'encouragez," répondit Madame D'ANGLESEY ; " allons, me voilà fortifiée par la confiance ; car je sens combien vous devez avoir raison."

M. D'ANGLESEY, n'étant sorti qu'à demi enchanté de ce qu'il entendoit, & sûr que la confiance aideroit autant sa femme que l'art même, alla trouver, dans la rue du *Bac*, une marchande, fort belle femme, qui portoit son vingt-deuxième enfant :

« Madame LOUIS, faites-moi le plaisir de rendre une visite à ma femme : elle est dans la crise la plus importante de la vie ; elle va devenir mère : je suis sûr que la présence & la santé d'une femme qui l'a été autant de fois que vous, fera sur elle une impression favorable !"

« Est-ce qu'elle est effrayée ?"

« Un peu ; mais du reste elle est fort raisonnable, & préfère une sage-femme."

"En ce cas, je ſuis tout à elle : j'aſſiſterai, j'aiderai ; en attendant, je vais lui rendre une viſite . . . . Mais précédez-moi : je ne ſaurois aller en caroſſe."

M. d'Anglesey s'en retourna, pour annoncer à ſa jeune épouſe, une femme mère de vingt-deux enfans.

"Voilà un trait de génie !" dit la ſage-femme ; "la vue de Madame Louis fera un très-grand bien à Madame ; & . . . ſes ſages avis ne me feront pas inutiles." . . .

Les douleurs commençoient à ſe faire ſentir ; le viſage charmant de Madame d'Anglesey, l'étoit encore : mais une teinte de douleur s'étendoit inſenſiblement ſur un fond de joie & d'eſpérance . . . lorſqu'on annonça Madame Louis. Elle arrivoit ſuivie de vingt enfans, portant le vingt-unième dans ſes bras, & le vingt-deuxième dans fon fein. Il y en avoit de charmans, fur-tout deux fils de quinze & de dix-fept ans, car les aînés étoient des garçons.

« Voilà tous mes plaifirs & toutes mes peines," dit Madame LOUIS ; " mais le plaifir furpaffe la peine. Je n'en ai perdu aucun : je vous les amène, Madame, pour vous prouver que Monfieur votre mari ne vous en impofe pas, & que vous êtes encore bien loin de mon *compte.* Mais j'efpère que vous y viendrez, jeune, belle, & conformée comme vous l'êtes."

" Vous l'entendez, mon ami," dit Madame D'ANGLESEY à fon mari ; & vous ne pouviez me faire un plus grand plaifir, en ce moment, que de me montrer toute cette nombreufe & jolie famille !"

Madame NORLIN en dit autant, & loua fon beau-frère.

Cette Dame avoit amené chez sa sœur une petite femme de chambre, nommée SUZETTE, qui paroissoit un peu indisposée depuis long-tems. Madame NORLIN l'aimoit beaucoup. Elle l'avoit obligée de sortir avec elle, pour la dissiper, en lui procurant la vue & l'entretien de la petite ANNETTE son amie, femme de chambre de Madame D'ANGLESEY.

Tandis qu'on examinoit la famille LOUIS, & qu'on demandoit à la mère les particularités de la naissance de chacun de ses enfans, ANNETTE entra effrayée :—“ Madame,” dit-elle, en se contraignant à Madame NORLIN, “ venez, s'il vous plaît, voir ce qu'a donc SUZETTE !” Madame NORLIN y courut. Elle trouva la jeune fille étendue par terre. Madame LOUIS, qui avoit suivi Madame NORLIN, rentra pour renvoyer toute sa famille. On porta SUZETTE dans une pièce éloignée, où Madame LOUIS reçut une petite fille.

Pour une petite perſonne ſi jeune, la criſe fut très-heureuſe : on n'eut pas beſoin d'appeler la ſage-femme, qui demeura auprès de Madame D'ANGLESEY. On ne ſavoit ſi l'on devoit lui faire part de cet événement : mais enfin on lui en parla, en l'aſſurant que ſi la jeune fille s'étoit trouvée ſeule, elle ſeroit accouchée preſque auſſi heureuſement.

Madame LOUIS cita l'exemple d'une pauvre fille domeſtique, qui ſe retira dans une chambre, y accoucha ſeule, porta ſon enfant elle-même à une nourrice, & rentra chez ſes maîtres au bout de vingt-quatre heures ; & celui d'une jeune fille en apprentiſſage chez une couturière du quai *Pelletier*. Elle cacha avec ſuccès les ſuites d'une foibleſſe : abandonnée du ſcélérat qui l'avoit ſéduite, elle économiſa ſur ſon modique ſalaire pour louer une chambre où elle accoucha ſeule, & ſans mettre qui que ce fût dans ſa confidence : elle eut le courage d'entreprendre de nourrir ſon enfant ; elle venoit quatre fois le jour dans la petite chambre, où il étoit renfermé, l'allaitoit à la hâte, & revenoit à ſon travail, ſans que, pendant une année entière, perſonne eût le moindre ſoupçon de ce précieux ſecret. Le haſard ſeul le découvrit.

La ſage-femme raconta le trait d'une belle femme, que ſon mari, en partant pour les îles, avoit laiſſée ſous la garde d'un ami de l'enfance ; ils s'oublièrent, & en furent enſuite au déſeſpoir. La dame devint groſſe, & déroba ſon état aux yeux de tout le monde :—" J'en mourrois," diſoit l'ami, " ſi M. Dupre' connoiſſoit ma trahiſon ! un ami ſi cher ! . . . Le mal ignoré eſt à demi réparé, puiſque l'offenſé n'en ſouffre pas !" — Madame Dupre' l'écoutoit, & prenoit ſa réſolution. Elle étoit grande, & faite comme Madame.

L'inſtant arrivé, elle vint chez moi, ſe jetta dans mes bras, & me dit :—" Accouchez-moi ! ſauvez-moi !" Surpriſe de ce langage, je lui pris la main, & cherchois ſon pouls : elle étoit prête ; & avec un ſeul cri, elle me donna une fille. Je la couchai ſans la déshabiller... Je lui donnai les ſecours les plus néceſſaires ; & après une viſite de deux heures au plus, elle s'en retourna chez elle, où elle ſe mit au lit pour un mal de tête. L'amant lui-même ne ſe doutoit pas de l'accouchement : il ne fut inſtruit que par néceſſité ; il la veilla, & cacha ce qu'il falloit cacher."

La narratrice en étoit là quand Madame D'ANGLESEY eut beſoin d'elle ; & ſon courage excité fit la moitié de l'ouvrage de la nature.

TABLEAU V.

C'EST UN FILS, MONSIEUR.

DEBOUT, en robe de chambre, n'ayant pas fermé l'œil de la nuit, le jeune PRE'SIDENT DE S*** F*** ſe promenoit à grands pas, rempli d'inquiétudes.

“ Pourquoi n'a-t-on pas voulu que je reſtaſſe auprès d'elle ! . . . y auroit-il du danger ! . . . Elle m'a préſenté ſa main à baiſer, quand je l'ai quittée, avec un air d'attendriſſement qui me pénètre le cœur ! . . . Ma chère AGLAE' ! . . . mon aimable épouſe ! . . . Ah !”

Il ſe jetta dans un fauteuil : il vit devant lui un papier d'affaires ; il voulut le lire. . . il prit la plume . . .

En ce moment, il entendit dans la rue comme une ſorte de tumulte. Il court à la fenêtre ; il l'ouvre . . .

" La Reine eſt accouchée !" diſoit le peuple ; " nous avons un Dauphin !"

Ah ! que le Roi eſt heureux, penſa le Préſident ! car il entendit que la Reine ſe portoit bien.

Il voulut s'informer de ſa femme ; mais c'étoit en tremblant. Il appela Rosette.

Rosette étoit une charmante fille, ſœur de lait de la Préſidente, avec laquelle on l'avoit toujours élevée. Elle adoroit ſa maîtreſſe, & elle en étoit chérie.

" Ma chère Rosette," lui dit le Préſident, " comment" . . . & il n'acheva pas.

" Elle

“ Elle ſouffre.”

“ Va, va lui dire que la Reine eſt accouchée ... heureuſement accouchée ! ... & que nous avons un Dauphin.”

Rosette courut dans l'appartement de ſa maîtreſſe.

Le Préſident fut à ſa table, ſe remit à ſa fenêtre.

Là, il entendit deux hommes, d'un état au-deſſus du commun, qui ſe diſoient :— “ On a porté le nouveau-né au Roi : il l'a pris avec tranſport ... puis il a couru auprès de la Reine, un peu remiſe, en diſant, C'eſt un Dauphin, Madame ! Ils ſe ſont embraſſés, ils ſont demeurés réunis ; confondant leur joie & leurs tranſports.”

Le Préſident étoit dans l'extaſe : " Non, dit-il, ce beau jour, ce jour heureux, ne fera pas couler mes larmes !"

Il vint ſe remettre à ſa table.

Il y étoit à peine, que la porte s'ouvre avec bruit ! C'étoit ROSETTE, ſuivie de la garde : — " *C'eſt un fils, Monſieur !*" s'écria la jeune fille.

" Un fils ! ô Ciel ! je te bénis !... Mais comment ſe porte mon amie ?... Voyez ma joie !.... Voyons mon fils, ma chère ROSETTE ; mais parle-moi de ſa mère..."

On lui donna l'enfant : il le regarda ; puis, l'élevant vers le Ciel, il l'offrit à l'Etre ſuprême :—" Grand Dieu," dit-il d'une voix animée, " je te fais hommage de cet enfant, dont tu m'as rendu père ; & je te conſacre le premier moment de ſon exiſtence !..."

Il n'en dit pas davantage : il étoit trop preſſé de voir la mère.

L'heureuſe AGLAE' étoit dans ſon lit ; la joie brilloit ſur ſon viſage. Ce n'étoit plus la douleur qui étendoit ſon crêpe ſur les ris ; c'étoient les ris qui couvroient la douleur d'un voile de roſes.

“ Mon ami,” lui dit-elle, “ vous venez de le voir ?”

“ Je viens de l'offrir à l'Être ſuprême ; mon ſecond hommage eſt pour toi ! . . . O mon amie ! c'eſt toi qui viens d'ennoblir mon exiſtence, & de me mettre au rang des hommes !”

Il ſe mit à genoux devant ſon lit, lui rendit un culte de reſpect & de reconnoiſſance ; & ce ne fut que ſur ſes inſtances qu'il s'éleva juſqu'à ſa bouche.

La ſage-femme, la garde, ROSETTE, un médecin qui s'étoit tenu à l'écart pendant la criſe, félicitèrent le Préſident, autant ſur ſes nobles ſentimens que ſur la naiſſance de ſon fils.

“ Ah ! quelle différence de ce que je vois à ce que j'ai vu hier dans une autre maiſon !” s'écria-t-il ; “ ſi vous le permettez, je raconterai ce trait.”

L'accouchée l'en pria.

“ J'étois chez le Marquis D***, le même qui épouſa, l'an paſſé, cette fille de millionnaire qui lui apporta onze cents mille livres en eſpèce, & un trouſſeau de quatre cents mille francs. Elle eſt accouchée hier d'un fils. Elle a tant eu de chagrin, elle a tant eſſuyé de mépris de la part de ſon noble époux, & ſur-tout de la part de ſa belle-mère, qu'elle étoit mourante : il y avoit du danger. On a été demander au mari s'il falloit ſauver la mère ou l'enfant. " Mon fils !" s'eſt-il écrié aſſez haut pour que l'infortunée Marquiſe l'entendît.— J'étois indigné ; je me ſuis appliqué à les ſauver tous deux ; & j'ai réuſſi. On a porté au Marquis la nouvelle de la naiſſance d'un fils. Il étoit ſi perſuadé qu'on n'avoit pu le conſerver ſans ſacrifier la mère, qu'il a donné tout haut ſes ordres pour les funérailles. — " Vous êtes plus heureux que vous ne penſez," lui ai-je dit ; " j'ai conſervé la mère & l'enfant." — " Voilà comme vous êtes gauche, mon cher docteur ! ſurement vous avez incommodé mon fils ; il ſera manchot, bancale, ou boſſu, par votre double ménagement ; & c'eſt un mal irréparable !" — " Non, Monſieur le Marquis, il eſt bien conformé." — " Ah ! me voilà content !... En vraie Bourgeoiſe, elle vouloit une ſage-femme ! Jugez de ce qui ſeroit arrivé." — " Peut-être un accouchement beaucoup plus heureux ! car je ne l'ai ſoulagée qu'à force de queſtions, qu'une femme n'auroit pas été obligée de faire ; elle auroit deviné."—J'ai enſuite été conſoler la *giſante*.—" J'ai pris mon parti," m'a-t-elle répondu : " je vois qu'on ne m'a priſe que pour réparer les folies de Monſieur le Marquis, & dégager ſes terres en décret, enſuite pour lui donner un fils : encore eſt-on déſeſpéré que j'en ſois la mère. J'agirai en conſéquence ; mais déclarez-lui que je veux nourrir mon fils. Je tâcherai de m'en faire aimer, à force de ſoins & de tendreſſe : il me dédommagera peut-être de la dureté de ſon père : mais s'il eſt ingrat . . . je ſaurai les punir tous deux."—Je vis que cette femme avoit du caractère ; & j'en augure bien. Le Marquis ne ſe ſoucioit pas autrement que ſa femme nourrît. Cependant il y conſentit ; mais ce fut ſa mère ! . . . . Elle s'emporta ! elle avoit déjà une nourrice. Elle prétendoit qu'il étoit indécent que l'épouſe de ſon fils allaitât ; que c'étoit un uſage *bourgeois*, qui n'étoit pas encore de mode à la Cour ; que jamais les Reines ne nourriſſoient, &c.—Je lui répondis qu'il y avoit trois ſortes de mères qui ne devoient pas nourrir leurs enfans ; celles qui manquoient de lait, ou qui étoient malades de la poitrine, les libertines, & les intrigantes ambitieuſes : que Madame ſa bru n'étoit dans aucune de ces trois poſitions, & que ſon fils en feroit plus fort. Cette dernière raiſon a déterminé le père, & la jeune Marquiſe l'emporte ; mais la vieille Comteſſe eſt furieuſe.

" Que je plains ces deux époux !" dit le Préſident.

" Mon ami, je nourrirai ton fils !" dit AGLAE'.

« Et moi je ferai la remueuse," ajouta vivement ROSETTE.

« Il le faudra bien," répondit le Président, en regardant AGLAE': « j'en ferai plus père, & un peu moins époux. Mais ce ne sera qu'un échange de plaisirs."

Le bonheur est sous notre main, & le malheur aussi. L'homme dont l'esprit est juste, prend le bonheur en suivant la justesse de ses idées. Celui dont l'esprit est faux, choisit le malheur : c'est qu'il manque de la faculté d'être heureux : & il est plus de ces êtres là qu'on ne pense.

—LE voilà né, cet enfant ſi déſiré! c'eſt un GARÇON ...

« Tirons ſon horoſcope, Monſieur," dit la vieille MARION au MARQUIS DE SAINT-PRE', dont elle eſt femme de charge.

« C'eſt une ſuperſtition, Madame MARION."

« Oui, Monſieur, s'il y avoit du ſortilège; ce qu'à Dieu ne plaiſe. Je ne ſuis pas ſorcière, vous le ſavez: cependant, ſi vous voulez, je vais vous prédire tout ce qu'il fera ..."

« Eh bien, voyons."

La bonne MARION ſe mit à rêver, puis à compter ſur ſes doigts.

« Oui ! c'étoit au mois de Juin : il y a neuf mois, vous étiez gai, content . . . Madame auſſi . . . Je me rappelle votre mine . . . la voilà en miniature ſur le viſage de l'enfant ! . . . Bon ! il ſera de bonne humeur . . . Etiez-vous bon ? . . . vous l'êtes ordinairement . . . oui, oui, vous étiez bon ! . . . C'eſt le jour de ſa conception, ſi je compte bien, que vous dites : « *Madame* MARION, *il faut avoir ſoin du petit* JOCKEI : *puiſque vous n'avez point d'enfans, il faut lui ſervir de mère : je vous donne toute autorité ſur lui . . . Elevez-le : je vous ſeconderai.* » . . . . Et puis vous avez ſoulagé vos fermiers ; & vous avez dit, je m'en ſouviens : « *Donner de groſſes fermes à un ſeul homme, c'eſt rendre eſclave tout un canton ſous quelques payſans : donner deux fermes à un homme, c'eſt une atrocité : lui en donner trois, c'eſt une barbarie* » . . . .

Votre fils eſt né de vous, dans ces diſpoſitions là ; & il les aura."

« Mère MARION," s'écria le Marquis, « pronoſtiquez, pronoſtiquez ! car vos pronoſtics m'amuſent fort, ainſi que ma femme ; je vois qu'elle en rit."

« C'eſt," dit la Marquiſe, « que j'ai toujours trouvé cette femme romaneſque."

« Oh ! il eſt vrai, Madame ! car mon père étoit fils de laboureur ; mais il faiſoit des romans ; & c'eſt ce qui fait que j'en tiens."

« Quels ſont les romans de votre père ?" dit la Marquiſe.

« Mais, Madame, il a fait un livre pour mettre tous les hommes en fraternité."

" Oh ! c'eſt bien un roman !" reprit la Marquiſe.

" Et...puis il a fait " La Vie d'un Laboureur honoré, reſpecté de tout le monde pour ſa ſeule vertu."

" Un bel ouvrage !" s'écria la Marquiſe avec dédain.

" Continuez votre pronoſtic," dit le Marquis.

" Et mon père, qui étoit ſon fils, avoit appris de lui à pronoſtiquer ; & mon père m'a montré à moi . . . Et mon père me diſoit :—" Quand tu voudras ſavoir ce que ſera un enfant, obſerve les diſpoſitions de ſes parens, du moment de leur mariage au moment de ſa naiſſance, & du moment de ſa naiſſance juſqu'à celui où il les quittera. Puis, ſi tu peux, obſerve ſes maîtres, &

même ſes camarades intimes, & tu ſauras par eux tout ce qu'il ſera. C'eſt l'ancien proverbe ; mais à tout moment on l'oublie . . . " Or, Monſieur, je n'ai pu juſqu'à ce moment obſerver que vous & Madame . . . ."

" Et mon fils, d'après vos obſervations," dit la Marquiſe, " ſera, quoi ?"

" Vertueux au fond, comme ſon père ; mais un peu fier, comme vous ; & ce levain de fierté, d'égoïſme, s'il eſt augmenté par l'éducation, pourroit en faire un *homme très-ordinaire*, au lieu d'*un excellent homme*, comme ſon père."

La Marquiſe ſe mit en colère ; & ſon mari, qui craignit qu'elle ne s'incommodât, dit comme elle, en traitant MARION d'impertinente . . . Mais il lui fit ſigne, & elle s'en alla ; & en s'en allant, elle diſoit :

"Mon père & mon grand-père ne se sont jamais enrichis pour avoir dit la vérité : je crois que je serai comme eux ; car je vais perdre ma place... Dieu soit béni !"

Cependant le fils de la maison grandit. Il étoit naturellement bon : mais sa mère le rendit égoïste, orgueilleux, malgré les soins de son père, qui le fit un jour réprimander par la vieille MARION, en ces termes :—" Comment pouvez-vous, mon jeune Monsieur, gâter le bon fond que vous tenez de votre père, par des vices étrangers ! Toute la famille de SAINT-PRE' a été excellente jusqu'à ce moment : voulez-vous être le premier à y mettre les défauts connus des GRANDCHAMP, famille de votre mère ? Voulez-vous greffer les GRANDCHAMP sur les SAINT-PRE', anéantir & détruire la race morale de votre père ? Serez-vous le premier d'une autre famille, sous un nom honoré ?"

Le jeune homme furpris, regarda la vieille femme de charge. Le fentiment foncier & paternel l'emporta fur les vices *furjetés* de la partie maternelle : il fut attendri.

Alors fon père caché fe préfenta, lui ouvrit les bras, & lui dit :—" Mon fils, c'eft par mes ordres que cette femme t'a parlé ; mais les expreffions font d'elle : viens te régénérer contre ce cœur paternel, & y reprendre ta bonté native ; & quand tu te marieras, choififfons enfemble une fille de bonne efpèce, qui ne nous détériore pas !"

Depuis ce moment, le jeune SAINT-PRE' a été vertueux.

—« MONSEIGNEUR," disoit une Dame gouvernante à un Bambin de quatre ans, " vous êtes destiné à *commander* à tout le monde que vous voyez ..."

Et l'enfant, pénétré de sa sur-excellence, *commandoit* à chaque mot ; car il n'est rien à quoi l'on s'accoutume plus facilement & plus doucement qu'à mal commander. Tout le monde se faisoit un plaisir & un honneur d'obéir au Bambin : c'est qu'on regardoit comme important de lui plaire, non pour le moment présent, mais pour l'avenir.

Le Bambin grandit ; & à mesure qu'il grandissoit, il oublioit tous ceux qui l'avoient l'avoient flatté : il les regardoit avec une fierté mortifiante, ſi pourtant ils reſtoient auprès de lui ; car la plupart en étoient éloignés.

Devenu Souverain, il les oublia tous, ou ne ſe reſſouvint d'eux que pour les employer à ſatisfaire des paſſions honteuſes : il y étoit encouragé par la connoiſſance de leur baſſeſſe.

Après qu'ils l'eurent ſervi, ces hommes vils, enhardis par leur infamie, ſe plaignirent de n'être pas aſſez récompenſés. Mais le Prince avoit d'autres favoris, qui l'engagèrent à les punir. On ne le pouvoit ſans s'expoſer à leurs diſcours : ils furent arrêtés la nuit, mis dans des cachots, d'où jamais ils ne ſont ſortis ; tandis que des favoris, inconnus à l'enfance du Prince, jouiſſoient de toutes les graces.

Mais les corrupteurs des jeunes années du Souverain étoient justement punis, puisqu'ils avoient, en le corrompant, trompé l'espoir de la nation.

—« MON fils, nous ne sommes pas riches : votre père, trop mal-adroit pour avoir fait sa fortune, est déjà sur le retour : il faut songer à vous. Que rien ne vous coûte pour parvenir : soyez empressé auprès des GRANDS : là, ce n'est qu'en rampant qu'on s'élève. Soyez pliant comme la *viburne* & l'osier : que rien ne vous paroisse ni honteux, ni bas, ni criminel, dès qu'il est bien ordonné, par un homme qui peut en répondre. Mais, en même tems, feignez le scrupule, avec tous ceux qui ne peuvent ennoblir la turpitude, & payer le crime par des honneurs. L'homme dans votre position est celui qui n'a rien, & qui prétend à tout. Mais on ne peut obtenir que de ceux qui ont : c'est donc à eux qu'il faut s'attacher. Ceux qui ont tout, au contraire, doivent s'attacher les gens qui n'ont rien, pour s'en faire un rempart."

" J'entends, ma mère," répondit le petit MARSANGE.

" Vous me comprenez ? Voyons : comment ferez-vous, en entrant aux Pages ? Vous ſavez que les *nouveaux* y ſont bien mal-menés par les *anciens* & les *modernes*."

" Je ſouffrirai : je trouverai qu'ils ne m'en font pas aſſez ; & je les déſarmerai par-là."

" Que ferez-vous enſuite ?"

" Devenu *moderne*, je ſerai doux envers les *nouveaux* ; & je les inſtruirai amicalement."

« Lorſque vous ſerez *ancien* ?"

« J'employerai de la perſuaſion, pour inſpirer de l'humanité à mes camarades ; je tâcherai de me faire aimer des trois âges ; & ſur-tout je rendrai ſervice à ceux qui auront un nom & de la fortune."

« Bon .... Lorſque le Maître ou les Dames vous donneront une commiſſion indifférente ?"

« Je m'en acquitterai de façon à leur faire naître la penſée de m'en donner une délicate."

« Si l'on vous emploie à cette dernière ?"

« Je ferai un chef-d'œuvre de diſcrétion, de prudence, & de modeſtie."

“ Ajoutez, & de déſintéreſſement : il faut avoir l'art d'eſquiver les bagatelles, pour qu'on ne ſe croie quitte avec vous qu'après une récompenſe importante.”

“ Oui, ma mère ! je le ferai.”

“ Si l'on vous commandoit...de *tuer* un homme...en vous donnant des moyens ſurs d'*impunité* ?”

“ Je le tuerai avec autant de précautions que ſi je n'étois sûr de rien ; car alors, ce n'eſt pas ma ſureté, mais celle de mon commettant, que je ménagerai.”

“ Quels talens ſont les plus néceſſaires à un homme comme vous ?”

“ Bien faire des armes, pour ſavoir exécuter certains ordres, tirer juſte, ſavoir écrire toutes les écritures, à-peu-près tous les jeux, & *même au-delà.*"

" Si un grand Seigneur vous ordonnoit de séduire une fille, pour la lui remettre ?"

" Je me regarderois comme un homme de bois, bien organisé pour séduire seulement ; & ma fidélité scrupuleuse seroit si exacte, que si l'on voyoit toutes mes actions, aucune ne seroit répréhensible."

" Si l'on vous faisoit contrefaire un faux-ordre ?"

" Je le contreferois avec le plus de soins possible ; & cette écriture-là ne paroîtroit jamais que pour cela."

" Si vous étiez découvert ?"

« Je ferois si discret, si fidelle à celui qui m'auroit employé, que celui que j'aurois offensé trouveroit son propre intérêt à me conserver. »

« Et vous auriez bien raison, mon fils : les habiles fourbes sont des hommes précieux, dont les grands ont toujours besoin. Condamné même, il ne faudroit pas désespérer de votre salut, la tête sur le billot... Si l'on vous faisoit *trahir l'Etat ?* »

« Je tâcherois de me ménager un échappatoire, pour nous sauver, moi & mon protecteur. »

« Si vous étiez le favori d'une grande Dame ? »

« Je ferois si modeste, qu'on ne me soupçonneroit pas : je ne ferois somptueux ni dans mes meubles, ni pour ma table : je ferois coquet ; & j'aurois du goût dans mes habits, mais avec une réserve timide : enfin je rougirois avec les femmes."

" Comment appelle-t-on ce que nous venons de dire ensemble ?"

" *Le Catéchisme de la pauvre Noblesse qui veut vivre à la Cour.*"

— " L'honneur avant tout, mon fils ! C'eſt par l'honneur que votre père, quoique pauvre, fut conſidéré. A quoi ſert la fortune amaſſée par la rapine, la fraude, ou la baſſeſſe ? Le fils rougit de l'opulence de ſon père ; & il eſt obligé de la couvrir de l'effronterie. La femme, ou n'oſe ſe montrer que dans certaines maiſons déshonorées, ou ne paroît au grand jour qu'en ſe cuiraſſant d'impudence. Les filles de cet homme n'ont jamais la naïve pudeur : ſouillées par les regards de l'envie & de l'indignation, elles ſont miſes, vierges encore, au rang des *catins*. Allez droit, mon fils ; & ſi la fortune ne vient pas vous chercher, tant pis pour elle."

« Je ſuivrai vos conſeils, ma mère," répondit le petit NOLSANS ; car ſa mère lui parloit ainſi dès ſon enfance.

Il grandit, & ne fut glorieux que de l'honneur & de l'incorruptible probité de ſon père. Il fut doux, affable : tout le monde l'aimoit. Au collège, ſes camarades le citoient comme un excellent cœur & un bon eſprit ; car ſa vertueuſe mère, en le mettant au collège, lui avoit dit :— « Mon fils, je ſuis veuve : j'ai peu de fortune ; & les ſix cents francs que je vais donner pour vous, ſont juſte la moitié de notre revenu. Il ne m'en reſtera qu'autant pour vos trois ſœurs & moi."

Auſſi NOLSANS employoit bien un tems payé ſi cher par ſa bonne mère. Ses progrès furent étonnans ; & cependant il avoit plus de peine qu'un autre : car bien qu'il eût un excellent eſprit, on ne lui trouvoit pas une certaine promptitude de conception. Mais le travail opiniâtre ſuppléoit à tout.

Il ſe poliſſoit difficilement, comme le marbre : il ſe gravoit avec peine la ſcience dans la tête ; mais elle demeuroit ineffaçable : tandis que ſes brillans compagnons reſſembloient au ſtuc, facilement travaillé, mais auſſi délébile que l'argile & le tuf.

Lorſqu'il fut ſorti du collège, il manquoit d'uſage ; il ſe préſentoit mal : mais il étoit modeſte, prévenant. Il ne brilloit pas ; mais diſoit-on une choſe ſolide, il la ſentoit ; l'interrogeoit-on, il répondoit ſans héſiter, par des traits de raiſonnement ou d'hiſtoire qui marquoient du jugement. On ſentit ſon mérite : on l'employa. Plus il fut exercé, plus on lui trouva de fond, & plus ſes talens ſe développèrent.

C'eſt qu'il avoit pris la route droite, ſans tergiverſer. Il devint un *grand homme*; & ſon père, preſque ſans éducation, n'avoit été qu'un *honnête homme :* mais ſans la probité de ce dernier, NOLSANS fils n'eût été qu'un homme ordinaire, peut-être un intrigant ſans principes, & par conſéquent un homme borné.

La vertu du père avoit élevé l'ame de toute ſa famille. NOLSANS père n'avoit pas, comme tant de maris, corrompu la bonté native de ſa femme; au contraire, il l'avoit fortifiée, éclairée. Eſt-il perſonne qui dirige la vertu, & la proportionne aux facultés des enfans, comme une bonne mère?....NOLSANS fils paya la ſienne de ſes bons ſoins; il eſt devenu l'appui de ſes ſœurs : c'eſt tout ce que ſa mère déſiroit.

— " MON Dieu ! que je ſuis malheureuſe !" diſoit une femme du peuple. " Les mauvais ſujets d'enfans ! . . . J'ai deux garçons : je n'en puis rien faire ! &, ſi je leur remontre de mon mieux . . ."

" Bonne femme," lui répondit le ſage THOMAS, " comment feroit-il poſſible que vos enfans fuſſent de bons ſujets ? Vous demandez l'impoſſible. Je vous les ai vus élever. Votre mari jure, vous frappe, & s'enivre devant eux : il viole toutes les loix qu'il peut impunément violer : il marque de la méchanceté, de l'injuſtice, envers les riches : il ne reſpecte pas la religion. O bonne femme, je ſuis étonné que vos enfans ne ſoient pas plus méchans encore ! . . . Ils ont quelque bonté naturelle, puiſqu'ils ſont encore entraînés par les exemples de leurs camarades ! car la POPULACE n'eſt, dans les grandes villes, qu'un ramas d'hommes ſans inſtruction, ſans principes ; des animaux malveillans, toujours prêts à ſe mettre en fureur & à déchirer . . . . Ceux qui gouvernent ne donnent pas aſſez d'attention au *pied* de l'Etat : ils devroient prendre modèle ſur une folle coquette, qui, loin de négliger cette partie de ſon corps qui touche la terre, veut, au contraire, qu'elle étonne & qu'elle éblouiſſe par ſon éclat comme par ſa propreté. Vos enfans ſont mal élevés ; mais ils ne ſont pas plus méchans que d'autres. Eſt-ce en leur criant tous les jours des choſes vuides de ſens que vous les formerez ? . . . . Laiſſez-moi leur parler ; & appuyez ce que je dirai : vous en verrez bientôt les effets . . . ."

Il dit ; & le même jour il appela les deux petits garçons. Il se les affectionna par quelques petits présens : puis il leur parla raison.

En huit jours, ils changeoient à vue d'œil, quand leur père, qui s'en apperçut, gâta tout : il ne les vit pas plus tôt un peu rassis, qu'il les conduisit à l'attelier, où il travailloit avec ses confrères. Tant que ces deux enfans n'eurent pas de passions, ils écoutèrent leur sage instituteur, & échappèrent à la corruption ; mais dès que les passions furent éveillées, l'exemple du vice les enhardit à s'y livrer : ils l'embrassèrent avec fureur : ils furent pires que leurs camarades : ils eurent un vice de plus, l'hypocrisie. Ce furent des MONSTRES.

TABLEAU

TABLEAU VI.

LES PETITS PARAINS.

« PARTEZ, ma fille ; & ſongez que vous allez faire un acte de perſonne raiſonnable : je ne vous accompagnerai pas ; j'eſpère que vous ſavez ce qu'il faut faire, & que vous n'oublierez rien...»

Pendant ce diſcours, le petit Parain préſente à la petite Maraine ſa main munie d'un gand blanc. La jeune perſonne, ivre de joie, les yeux encore fixés ſur ſa mère, poſe ſa main ſur le bras de ſon jeune compère. Une bonne tient le nouveau-né. L'on va partir...

Mais d'où vient ces deux enfans préſentés ſi jeunes l'un à l'autre dans la plus grande parure ? D'où vient leur fait-on déjà contracter une forte d'alliance ? Le voici.

Madame DE GURGIS, veuve encore aimable, avoit une fille charmante, âgée de dix ans : M. DE LA RUPELLE avoit un fils un peu espiègle, dont il craignoit les passions naissantes. Le second & la première avoient été de tendres amans, séparés par le sort & par l'intérêt.

M. DE LA RUPELLE avoit épousé une riche & laide héritière, que ses parens désiroient pour bru ; & Madame DE GURGIS, un marin de quarante ans, fort brusque, fort brave, & le moins aimable des maris. Il étoit mort d'un coup de canon.

Un jour, M. DE LA RUPELLE rencontra Madame DE GURGIS dans une maison tierce, Elle étoit en deuil, Il osa l'aborder, sûr qu'elle n'avoit plus à craindre de jaloux.—" Madame," lui dit-il, " vous connoiſſez mes ſentimens. Ils ne ſont point changés. Non que je veuille vous parler d'une tendreſſe que ma poſition rendroit criminelle ; c'eſt la plus pure amitié que j'ai conſervée pour vous." . . . Il s'arrêta pour attendre ſa réponſe.

" Je ſuis auſſi toujours la même."

M. DE LA RUPELLE n'attendoit que ce mot.—" Nous n'avons pu être heureux l'un par l'autre," reprit-il ; " mais il eſt un moyen de l'être d'une manière preſque auſſi délicieuſe. Deſtinons l'un à l'autre nos deux enfans. Nous ferons naître leur penchant : nous nous plairons à l'entretenir : tout ce que mon fils dira de tendre à Mademoiſelle DE GURGIS ſortira de mon cœur ; tout ce qu'elle lui répondra, ſortira du vôtre. Je connois DE LA RUPELLE ;

il aime déjà le ſexe des graces; en lui montrant FE'LICITE' DE GURGIS, brillante au-deſſus de toutes les jeunes perſonnes de ſon âge, par ſon éclat, nous frapperons ſes yeux avant de toucher ſon cœur; nous l'accoutumerons à la regarder comme la plus belle & la plus aimable des filles."

"Ce plan eſt délicieux, & j'y ſouſcris de tout mon cœur;" répondit la belle veuve, en ſoupirant.

M. DE LA RUPELLE lui détailla enſuite comment il ſe propoſoit de lier ces deux jeunes cœurs par une eſtime réciproque, ſans qu'ils ſe viſſent: car il vouloit faire voyager ſon fils. Il avoit, à ce qu'il paroît, les vues qu'on avoit depuis peu développées dans un ouvrage intitulé *Le Nouvel Abeilard*, où deux jeunes amans s'écrivent par ordre de leurs parens, & ſans avoir vu autre choſe l'un de l'autre qu'un portrait:

ils gagnent ainsi réciproquement leur estime mutuelle ; & leur penchant est décidé par le mérite moral. C'est ce genre de passion qui les occupe, qui les attache l'un à l'autre pendant les années les plus orageuses de la vie ; on conserve ainsi les mœurs du jeune homme ; on empêche son imagination de divaguer ; elle a un objet fixe : la jeune personne est sans cesse excitée à la vigilance sur elle-même, à l'acquit des vertus, par l'idée que son amant est instruit de toutes ses actions ; car on les oblige l'un & l'autre d'être sincères.

Madame DE GURGIS lut cet ouvrage avec plaisir, & résolut d'y conformer sa conduite envers sa fille.

Ce fut à cette époque que M. DE LA RUPELLE, honnête gentilhomme, eut un douzième enfant. Il avoit épuisé tout son parentage : il avoit eu recours à tous ses amis; il s'adresse à M. DE LA RUPELLE, pour la seconde fois.

"Vous venez fort à propos," lui répondit-il; j'ai un Parain & une Maraine à vous donner. Le Parain, c'est mon fils; la Maraine, c'est Mademoiselle DE GURGIS."

Le bon père de famille fut comblé.

M. DE LA RUPELLE alla trouver son amie, chez laquelle il n'étoit pas encore entré depuis son veuvage:—"Voici une belle occasion, Madame," lui dit-il; "formons un précieux lien entre nos enfans, avant celui que nous désirons. Qu'ils tiennent ensemble la fille de notre ami D'ARTIGUES. Il vient de s'adresser à moi. C'est une occasion de montrer à mon fils votre jolie FÉLICITÉ, qu'il n'a pas encore vue, dans tout son éclat, & de l'en frapper pour jamais."

Madame DE GURGIS fut enchantée de cette heureuſe occaſion ; elle le témoigna en deux mots : & M. DE LA RUPELLE ſortit, pour ne pas faire une viſite qui auroit pu occaſionner des diſcours.

On annonça d'une part à FÉLICITÉ DE GURGIS, qu'elle alloit être Maraine avec un jeune gentilhomme à-peu-près de ſon âge. On prépara une magnifique parure. La plus habile coëffeuſe fut mandée ; car Madame DE GURGIS ne vouloit pas de coëffeur. On employa les ouvriers les plus habiles. On fit avertir la marchande de modes la plus fameuſe. Mlle BERTIN mit ſur la grande poupée une robe ſuperbe, & une juppe dont la garniture & les *frivolités* étoient immenſes. Enfin à l'heure marquée pour le départ, FÉLICITÉ n'étoit plus une mortelle : c'étoit une fée.

D'un autre côté, M. DE LA RUPELLE prévenoit ſon fils qu'il alloit être Parain :

il lui annonçoit une commère charmante, fille de Madame DE GURGIS. Le jeune homme, alors âgé de treize à quatorze ans, avoit vu la mère, quoiqu'il n'eût pas encore rencontré la fille.

« Ah ! si c'étoit elle-même !" s'écria-t-il.

Cette exclamation parut d'un bon augure à M. DE LA RUPELLE. Il l'écrivit sur-le-champ à Madame DE GURGIS, qui se tint mise le plus simplement, pour que rien ne diminuât l'éclat de sa fille.

Le petit Parain, mis avec grace, car il falloit qu'il plût aussi, partit avec son père. Ils descendirent chez Madame DE GURGIS. On présenta les deux enfans l'un à l'autre. DE LA RUPELLE s'arrêta, saisi d'admiration : la petite Maraine rougit d'aise de se voir un si joli compère. On les observa. On descendit ; & l'épanouissement du visage de l'aimable FE'LICITE', l'empressement du jeune DE LA RUPELLE à lui préſenter la main, annoncèrent aux parens un heureux ſuccès.

L'a-t-il été ? Oui, oui : toutes les fois que les parens voudront prendre des précautions bien ſuivies pour rendre leurs enfans heureux & vertueux, ils y parviendront. L'exemple, ſur-tout l'exemple ! comme firent Madame DE GURGIS & M. DE LA RUPELLE.

Tant que Madame DE LA RUPELLE vécut, ſon mari n'oſoit rendre des viſites à la belle veuve : ils ſe concertoient, en paſſant, lorſqu'ils ſe rencontrèrent chez des amis, pour ce qui regardoit leurs enfans.

Enfin M. DE LA RUPELLE devint veuf à ſon tour. Son fils avoit alors vingt-deux ans ; FÉLICITÉ en accompliſſoit dix-huit.

M. DE LA RUPELLE alla chez ſon amie, accompagné de ſon fils, qui n'avoit pas revu FE'LICITE', mais qui lui avoit régulièrement écrit toutes les ſemaines. On obſerva l'impreſſion qu'elle feroit ſur lui. On n'eut rien à déſirer. FE'LICITE', dans tout l'éclat de ſon printems, étoit ſi belle! Le jeune homme s'étoit diſtingué par ſon mérite; & ſa maîtreſſe ne l'ignoroit pas: elle le reçut en palpitant de plaiſir.

"Mes enfans," dit Madame de GURGIS, "vous allez être unis."

DE LA RUPELLE fils tomba aux genoux de la Déeſſe qui lui annonçoit le bonheur.

"Et pour te donner l'exemple de la conduite d'un bon mari," lui dit alors M. DE LA RUPELLE, "pour reſſerrer davantage les nœuds que tu vas former, au même inſtant que tu recevras la main de FE'LICITE', je deviendrai l'époux de ta belle-mère, qui le fera doublement."

"Ah! Maman," s'écria FE'LICITE', "quel bonheur!"

"Oui," ajouta DE LA RUPELLE, "mon père a trouvé le fecret de doubler le mien."

LE petit Comte de Quiprai fut mis au collège à l'âge de huit ans ; parce qu'il falloit qu'il eût fini ses études à treize, pour entrer de bonne heure au service, & ne pas être avancé trop vieux.

C'est dans la jeunesse que la *Croix de St. Louis* flatte ! ...

Et voilà comme les meilleures choses produisent des abus. On a, sans doute par de bonnes raisons, décidé qu'il faudroit vingt-deux ans de service pour l'obtenir, puis vingt-cinq : on a voulu retenir plus long-tems les officiers sous les drapeaux ; mais on n'a pas fait réflexion qu'on excluoit par-là, pour les gentilshommes, toute autre éducation que celle de ſoldat. Encore s'ils la recevoient bonne ! . . . Mais c'eſt une éducation nulle, en France ; car ils n'apprennent pas même à être bons ſoldats. Ils ne voient, dans l'habit d'officier, que le grade : ils ne ſongent qu'aux privilèges de libertinage qu'un long uſage accorde aux militaires ; privilèges ſi bien conſervés, qu'un gros lourdaut qui ſe trouve en uniforme, change ſur-le-champ, & reçoit, comme infuſes, toutes les graces de la fatuité. Il eſt vrai que nous devons cette métamorphoſe aux femmes, ainſi que tous nos vices, & la plupart de nos vertus.

“ Finiras-tu, bavard ?”

“ Volontiers ; je reviens au COMTE DE QUIPRAI.”

Il avoit un précepteur. Mais qu'étoit-ce que ce gouverneur ? Un faquin d'Abbé, bien coquet, bien égoïſte, comme tous ſes pareils, qui ne s'occupoit que de lui-même, & de ſon élève, que relativement à lui-même ; qui lui laiſſoit voir tous ſes vices, & entre autres ſon goût pour le plaiſir, pour la table, pour toutes ſes aiſes, ſon *efféminațion*, ſa lâcheté morale & phyſique...

Le Comte avoit ces exemples ſous les yeux ; & ſa jeune ame, déjà corrompue par les diſpoſitions de ſes parens, s'*imbiboit* de tous les vices de M. l'Abbé.

C'eſt trop pour un individu, des défauts réunis de la Nobleſſe & du Clergé... Ce fut cependant l'acquiſition que fit le COMTE DE QUIPRAI. Il apprit un peu de Latin, étude néceſſaire pour entendre le François, un peu de Grec ; il fit un peu de rhétorique : puis il alla, bien ignorant, bien fat, bien vain, bien égoïſte, ſur-tout bien fier, exercer une ſous-lieutenance.

“ Pourquoi ne pas le faire ſoldat ? Pourquoi ne pas le vêtir comme le dernier des fantaſſins, pour le rendre modeſte ?”

O fous ! qui parlez de mœurs ! vous ne vous doutez ſeulement pas de ce qu’il faut pour en avoir.

Dans la ſuite, le Comte rencontra de par le monde l’Abbé ſon précepteur : il lui tourna le dos.

L’Abbé cria par-tout à l’ingratitude.

Quelqu’un lui demanda comment il avoit élevé le Comte ? Il le dit bonnement.— “ De quoi vous plaignez-vous ? Il a ſuivi vos exemples : vous n’avez penſé qu’à vos aiſes ; vous ne lui avez pas caché vos vices : il s’en reſſouvient, & ſent qu’il ne vous doit rien. Il eſt également mauvais fils : ſes parens ont agi machinalement pour lui ; c'eſt machinalement qu'il agit pour eux. Vous avez tout ce que vous méritez."

UN

UN père de famille de Normandie, nommé CAUDEBEC, envoya le fecond de fes fils pour être *bourfier* à Paris, au collège *Dupleffis*. Le jeune homme, en partant, n'avoit reçu qu'un avis laconique de fon père :—" Si tu ne te trouves pas de capacité, reviens, JEAN; & j'enverrai ton frère CHARLES à ta place ; car il ne faut pas que la bourfe foit perdue."

Sa mère avoit pleuré, fes fœurs auffi ; mais JEAN n'eut préfent que le mot de fon père.

Arrivé à Paris, JEAN éprouva des dégoûts ; il fut humilié par fes camarades ; il fe découragea : mais il ne voulut pas perdre ſon tems. On obtint de ſubſtituer ſon frère ; & JEAN, qui s'en retourna en Normandie, fut un bon laboureur, au lieu d'un ſavant balourd.

Pour CHARLES, il avoit de l'eſprit ; il étoit plein d'ardeur. Il convint avec ſes camarades qu'il étoit pauvre ; il ne ſe prévalut que du titre de laboureur de ſon père, & de ſa nombreuſe famille. Quand un Noble lui vantoit ſes ancêtres, il répondoit à cela :—" Quatorze enfans qu'a mon père, valent bien quatorze grands-pères." Si on parloit d'exploits d'armes, CHARLES CAUDEBEC vantoit les productions que ſon père tiroit de la terre par ſon travail, dans le beau pays de *Caux* ; & il ſupputoit combien il devoit nourrir d'hommes. La juſteſſe de ſes raiſonnemens étoit frappante ; mais il ne s'en tenoit pas là.

CHARLES travailloit comme quatre, ou plutôt comme dix ; puisqu'il faisoit quelquefois le devoir de huit, neuf, dix autres écoliers paresseux, d'une manière différente ; ce qui exerçoit beaucoup son esprit, & le fit considérer. Ses maîtres lui dirent que cette conduite étoit condamnable ; & il ne le fit plus ; mais il suggéra le devoir, & forma réellement ses camarades.

CHARLES devint célèbre comme écolier. Cet enfant, quand il fut avancé, eut le bon esprit d'éviter les futilités de l'ergotisme, & les platitudes, les inepties des théologues. Il étonna par sa solidité.

Depuis six ans il n'avoit pas revu sa patrie ; il n'avoit pas voulu perdre un moment : il arriva chez son père, à pied, au commencement des vacances. Sa bonne mère, ses frères, ses sœurs l'environnèrent : ils étoient surpris de sa bonne mine & de ſon urbanité. Son père arriva. CHARLES courut ſe jetter à ſes genoux, & lui demanda ſa bénédiction !

« Bon, bon. » s'écria le bon-homme ; « je vois, mon fils CHARLES, que tu n'es devenu ni gentilhomme dur, ni athée : car tu crois encore à la bénédiction des pères. » Et malheur à celui qui n'y croit pas !.... Il embraſſa ſon fils ; & comme il avoit auſſi fait quelques études, il l'interrogea.

CHARLES montra tant de modeſtie & de pénétration, que ſon père s'écria :—« Continue d'étudier, mon fils ! tu ſeras un vrai ſavant. »

A la moitié des vacances, CAUDEBEC père dit à ſon fils : « Comment te trouves-tu ici ? »

« J'y renais, mon père ; j'y reprends la bonhommie patriarchale, un peu effacée. »

"Mais je gage que, pour la ſcience, tu t'y trouves comme un monceau de ſable, élevé au milieu d'une plaine, & qui diminue toujours de hauteur s'il n'eſt ſoutenu par ſes égaux ?"

" Il eſt vrai, mon père ; & votre comparaiſon m'étonne !"

" Mon fils, le *jeune ſavant* n'eſt qu'un monticule de ſable, qui peut tout perdre faute d'amaſſer & faute d'appui : le *vieux ſavant*, lui, eſt un roc, conſolidé par le *gluten* de la réflexion ; il ſe ſoutient ſeul. Ainſi retourne ; tu es encore trop peu ſolide pour reſter parmi nous pendant les vacances entières."

Le jeune CAUDEBEC retourna donc à Paris : il avoit repris une nouvelle ardeur par le repos ; & la vue de ſa famille avoit redoublé ſon énergie. Il s'avança rapidement : il donna du prix à la ſcience par les mœurs, & aux mœurs par la ſcience. Il ne voulut pas de l'état eccléſiaſtique, à cauſe du célibat qui le flétrit encore : mais il ſe fit un état de la ſcience ; & ſeule, elle l'a élevé au grade le plus honorable de la ſociété.

METTRE un garçon au *féminaire*, c'eſt comme ſi l'on ſéparoit une branche d'arbre pour la greffer ſur un autre. C'eſt une terrible parole que celle de l'Evangile : *Celui qui ne quitte pas pour moi ſon père, ſa mère, n'eſt pas digne de moi.* Mais ce n'eſt pas en vertu de cette parole-là que les ecccléſiaſtiques s'iſolent ; c'eſt par un intérêt perſonnel mal-entendu . . .

Un Marchand de vin de Paris mit ſes deux fils au ſéminaire, pour en faire des Abbés. Ils n'y eurent pas été trois mois, que ces deux Meſſieurs devinrent importans, graves, exigeans : il ſembloit que tout le produit de la maiſon dût paſſer à leur nourriture & à leur entretien. Le

Marchand de vin avançoit.—“ Bon !” difoit-il à fa femme ; “ nous femons pour recueillir : dès qu’ils vont avoir chacun un bénéfice, j’adminiftrerai tout cela ; & j’éleverai mes autres enfans avec ce que ceux-là me vaudront.” Tout le monde croyoit le père ; & il fe croyoit lui-même.

Un Boulanger, fon voifin, qui avoit trois fils, dit au marchand de vin :—“ Mais c’eft une bonne fpéculation ça ! Je vais faire comme vous : les biens de l’Eglife ont été donnés pour les pauvres ; & que fommes-nous donc ? Ce ne font pas les Bohémiens & les Gourgandines qui font les vrais pauvres.” Cependant le Boulanger voulut attendre ce qui réfulteroit des études des fils de fon voifin PIOCHOT le marchand de vin.

Ils devinrent Abbés. Leur mère, qui avoit été jolie, obtint deux chapelles, de

800 liv. chacune, qui suffirent à peine à l'entretien de ces Messieurs. Ils parvinrent à vingt-cinq ans, furent ordonnés prêtres, eurent un bon bénéfice, dont ils voulurent administrer eux-mêmes les revenus. Le père, bon-homme à l'excès, en mourut de chagrin. Que firent ces deux monstres d'égoïsme ? Ils demandèrent compte à leur mère & à leurs frères & sœurs des fruits des deux bénéfices, perçus depuis plus de dix ans. Il fallut plaider. Ils ruinèrent leur maison. La mère, qui les avoit toujours chéris, en mourut de douleur. Les frères & sœurs maudirent les prêtres & les calotins. Ceux-ci s'en moquèrent : tandis que leurs sœurs étoient au sein de la misère, ils eurent de jolies gouvernantes qui vivoient dans l'abondance.

Le Boulanger avoit tout examiné ; il avoit tout prévu ; & au lieu de mettre ses deux fils au *séminaire*, il les mit à la *pistrine*, où il les fit travailler. Ils lui valurent deux garçons ; & ils apprirent bien leur état. Il disoit quelquefois à son voisin :— "Les miens me rendent en détail ce que vous attendez des vôtres en gros. Grand bien vous fasse ! mais ce qui m'en déplaît, c'est que vous préparez à l'Etat deux fainéans qui vivront de sottises & de fadaises : les miens feront du *pain*."

Mais le Marchand de vin étoit aveuglé par sa femme, qui le paya cher !

— « Madame, nous avons trois fils. L'aîné portera mon nom ; le second sera Chevalier de Malte, & le troisième, Evêque : c'est la marche. Quant à nos filles, nous marierons l'aînée pour avoir une alliance : il faut une dot ; voilà tout notre comptant employé ! . . . Mais il le faut ; c'est l'usage . . . Et qu'on n'aille pas ici me parler d'inclination & de fadaise ! Je n'ai intérêt qu'à voir des enfans à mon fils : le vieux Duc a lorgné *septimanie* ; c'est ce qu'il lui faut !"

« Une Duchesse ! . . . Cela illustre . . ."

« Je regagnerai par-là ce que vous m'avez fait perdre."

“ Monſieur, je vous ai apporté de la fortune !”

“ Je le ſais ; & j'en ſuis reconnoiſſant. Je ne penſe pas ſur les *financiers* comme d'autres : je les eſtime, ſans quoi je ne vous aurois pas épouſée. Je les regarde comme des éponges qui s'imbibent du ſang des payſans & des vilains, pour être enſuite preſſées par la haute Nobleſſe. C'eſt une choſe utile que les *financiers* ; & Louis XV avoit bien raiſon de l'être !”

“ Vous le voyez, Monſieur !”

“ Si la Nobleſſe tenoit des Chapitres pour ſes affaires particulières, je propoſerois que la *finance* ennoblît *ipſo facto*, loin de déroger. Je lui ferois donner la dénomination nouvelle de *Reſtaure-Nobleſſe* ; & j'établirai quatre claſſes : la *Haute Nobleſſe*, la *Nobleſſe*, la *Reſtaure-Nobleſſe*, la *Robe*, la

Noblesse. Je distinguerois de même la *Commune* en quatre : la *Bourgeoisie*, voisine de la *Noblesse* ; la *Roture*, composée de *Fermiers* ; le *Tiers-Etat*, composé des *Artisans*, *Ouvriers utiles* ; & la *Populace* sans état, que j'excluerois de toute participation aux Assemblées, jusqu'à ce qu'elle en eût pris un. Aussi voudrois-je qu'on classât tout le monde ; & il n'y auroit de *populace*, que le rebut de toutes les classes... Mais, je m'apperçois que je m'écarte de mon plan, qui n'étoit, Madame, que de vous parler de l'établissement de notre famille. Le Chevalier de Malte nous coûtera d'abord : mais je lui dirai de chercher à s'avancer par son courage, & de se faire un état : est-il si difficile de devenir un *Suffrein* ? L'on n'a qu'à le bien vouloir. Si j'avois voulu, moi, j'aurois été un grand homme ; mais j'ai trouvé plus court de vous épouser. Pour lui donner de l'énergie, j'aurai soin de lui bien signifier qu'il n'a rien à prétendre, que de mon vivant: j'en dirai autant à l'Abbé. D'abord une bonne commanderie : ces biens-là ont été donnés par la Nobleſſe, & doivent lui revenir. A nos deux filles religieuſes, une Abbaie. Une Abbeſſe de filles, Madame, c'eſt une Reine; elle a une Cour; elle fait des graces; elle eſt deſpote.... Si j'avois été fille, j'aurois voulu être Abbeſſe (après avoir fait deux ou trois bâtards)"... & il éclata de rire... "Mais, Madame," reprit-il, "il faut donner le moins poſſible à toute cette monacaille. Ne croyez pas que jamais votre fils le Bailli, votre fils l'Evêque, vos filles les Abbeſſes, ſoient de la moindre utilité à leur famille, comme certains parens ont la folie de ſe le perſuader: c'eſt tout le contraire. Ces êtres iſolés, rendus méchans par-là même, ne ſongent plus qu'à eux: ils attireroient, s'il étoit poſſible, toute la *chevance* de leur maiſon dans la goinfrerie de l'Egliſe, ou le gouffre de leur couvent.

Les réguliers, les prêtres, les religieuſes, reſſemblent aux diables : ils englobent tout ce qu'ils peuvent pour le ſeul plaiſir de faire du mal. Auſſi, Madame, nous n'avons de véritables enfans, que les deux que nous deſtinons au mariage : encore la fille ne l'eſt-elle qu'à demi. Les autres ſont des accidens, des maux, des plaies qu'il faut guérir comme on pourra, ſur-tout par l'amputation."

Le grand Seigneur qui venoit de parler, n'étoit pas un bon père ; ce n'étoit pas non plus un mauvais père ; il aimoit ſon nom : c'étoit un homme ſage, non d'après la nature, mais d'après les abus qui exiſtent. Tout ce qu'il avoit prévu arriva. Son fils devint *Commandeur*, puis *Bailli* ; ſon troiſième, Abbé, puis Evêque ; ſes deux filles cadettes furent Abbeſſes : tout cela fut d'un égoïſme parfait. Le Chevalier devint grand Capitaine : l'Evêque eut des maîtreſſes ; il ſe maria même à la fille d'un Chandelier, en ſe faiſant paſſer pour ſon premier valet de chambre : le véritable étoit le ſecond ; & il eut ſix enfans, du nom de VIDAL : les Abbeſſes eurent des galans ; mais on ne ſait pas ſi elles ont élevé leur progéniture. Tous trois furent pauvres au ſein de l'opulence . . . Ainſi va le monde.

TABLEAU

TABLEAU VII.

LES DÉLICES DE LA MATERNITÉ.

AU milieu d'un jardin délicieux, où *Flore* & *Pomone* répandoient à l'envi, l'une ses parfums, l'autre ses trésors, étoit une statue de *Vénus* donnant à l'*Amour* le fouet avec des roses : c'est là que la belle DUCHESSE DE C***, assise sur un banc, jouoit avec son fils, qu'elle tenoit demi-nud dans ses bras. L'enfant levoit avidement les yeux vers un grelot qu'agitoit son père, dont le bras étoit passé derrière la tête de la Duchesse. Les ris de l'enfant, sa joie naïve, se *refletoient* sur le visage de sa mère : elle étoit dans l'extase d'un double sentiment ; l'amour maternel & l'amour conjugal se confondoient dans son cœur délicieusement agité.

Le Duc l'obſervoit. Lorſque ſon fils eut le grelot, & que l'enfant s'amuſa lui-même, il dit à la mère :—" Avouez-moi, mon amie, ſi vous êtes encore fâchée contre votre reſpectable père ? . . . Car, c'eſt malgré vous que je vous ai obtenue . . . Vous me redoutiez . . . Je ne ſais pourquoi . . . Et moi, je vous ai toujours tendrement chérie ! Un cœur excellent comme le vôtre, ne pouvoit qu'être heureux par *les délices de la maternité.*"

" Ce n'eſt pas vous, Monſieur," répondit la Ducheſſe, en baiſſant ſes beaux yeux.

" Comment, ce n'eſt pas moi ?"

" Non, ce n'eſt pas vous que je redoutois, mon ami ; c'eſt le mariage."

" Expliquez-moi cela, je vous en prie !"

« Je le veux bien : à préſent que mes craintes ſont diſſipées, j'en parlerai avec plaiſir . . . Vous ſavez que M. le Duc DE P***, mon père, aimoit au-delà de toute expreſſion la mère que j'ai perdue en naiſſant. J'ai encore vu ſa douleur, quand je fus dans l'âge d'en concevoir la cauſe. J'appris comment j'avois eu le malheur de perdre Madame la DUCHESSE DE P***. Mon père, en me preſſant contre ſon cœur paternel, me dit : — Vous devez m'être bien chère, ma fille ! vous me coûtez une épouſe adorée, pour laquelle l'Etre Suprême m'a laiſſé votre frère & vous". . . . Ces mots me frappèrent. J'avois alors ſept ans. On me mit au couvent de Panthemont. La ſupérieure prit pour moi le plus grand attachement. Elle diſoit quelquefois :—« Quel dommage que cet ange de douceur ſoit deſtiné pour le monde, qui corrompra ſon ame ſenſible & pure !" . . . Une religieuſe qui avoit ſouvent entendu l'Abbesse exprimer ces craintes, employa toute son adresse à me faire redouter le monde, & sur-tout le mariage... Elle me parloit... chose étrange! des peines de la grossesse, de celles qui la suivent, plus terribles encore... Elle me fit un tableau effrayant de la mort de ma mère, en me donnant le jour, sans me parler des causes étrangères qui l'avoient occasionnée. Je frémis. Je sentis dès-lors cette crainte pusillanime qui me donnoit de l'horreur pour notre destination naturelle. Jugez d'après cela quelle a dû être ma situation le jour où ma grossesse fut déclarée! Vous vous rappelez quel fut mon trouble! Vous vîtes couler des larmes qui durent bien vous surprendre! Vous en connoissez aujourd'hui la source... Je me croyois destinée à la mort: je m'y disposai; je m'y préparai en Chrétienne; & je reçus quelques consolations d'une piété sincère, telle que ma mère l'avoit eue. La religieuse s'étoit bien gardée de me parler des douceurs de la maternité, de ces tranſports qu'éprouve une *mère* au premier cri de ſon enfant, de l'inexprimable volupté qu'elle trouve à le careſſer, à le voir croître . . . Elle ne peut peindre la ſcène . . . qui vient de ſe paſſer ! Une femme de ſon état ne pouvoit en concevoir l'idée . . . . Ah, mon ami ! qu'une mère eſt heureuſe ! car je ſens que j'éprouverai toujours de nouvelles délices, à meſure que mon fils grandira. Que je ſerai glorieuſe un jour, de me voir mère d'un homme tel que ſon père ! Oui, la maternité ſeule fait le ſort de la femme, à toutes les époques de ſa vie."

Le Duc écoutoit ſa femme avec raviſſement.—" Je ſuis enchanté," lui dit-il : " mais je voudrois bien ſavoir comment, avec les craintes terribles que vous aviez, vous avez pu vous déterminer à m'épouſer ? M'aimiez-vous ?"

“ Je ne vous haïſſois pas : mais je n'avois arrêté ma penſée ſur vous, qu'en vous conſidérant comme l'être auquel j'immolois ma vie. Je vous voyois avec crainte. Ce fut à mon père que j'obéis : ce fut mon reſpect, mon dévouement pour ce reſpectable mortel, qui me firent ſurmonter mon effroi, mon . . . horreur pour le mariage.”

“ Ah ! fille pieuſe & dévouée, je ne ſuis plus ſurpris que vous ſoyez une excellente épouſe, & la meilleure des mères ! Une bonne fille devient naturellement tout cela. . . . Continuez, Madame, je vous en prie ! chaque mot qui ſort de votre bouche charmante, accroît mon admiration, mon eſtime, ma tendreſſe, mon amour.”

“ Puiſque vous le déſirez,” reprit la Ducheſſe, “ je ſerai ſincère . . . Le premier jour de notre mariage, j'étois fort triſte. La nuit qui le ſuivit fut effrayante. J'avois des idées confuſes que la nature nous donne fort embrouillées, & que votre conduite éclairoit. Il n'en faut pas douter, penſai-je ; voilà ce qui doit me cauſer la mort !... Ah ! pourquoi faut-il que toutes ces careſſes, ces tendres expreſſions ne ſoient qu'un poiſon déguiſé ? . . . Peu lui importe que je meure, pourvu qu'il ait un fils qui lui ſuccède... Il épouſera une autre femme, qui lui donnera une fille, & ainſi de ſuite... Voilà les ſingulières idées qui m'occupoient. Vous étiez preſque . . . terrible à mes yeux . . . Les jours ſuivans, vous me parûtes aimable ; ma triſteſſe vous inquiétoit ; & vous employiez à la diſſiper les ſoins les plus empreſſés . . . Je me dis enfin, le quinzième jour :—“ Ah ! pourquoi faudra-t-il le quitter ſitôt !”... Je vous aimai, dans les derniers tems ; je ſentis du plaiſir à vous faire le ſacrifice de ma vie : car votre déſir d'avoir un fils étoit extrême. . . . Je devins mère ; ... &... & je n'en mourus pas...Qui peut exprimer ce que j'éprouvai à ce mot : *C'est un fils !* ... Je ne vis pas votre joie ... mais j'en vis les fuites .... Je vous ai donné une fille ...& je n'en fuis pas morte ! ... Je la verrai grandir ... Je l'éleverai pour vous ; car les filles aiment leur père ... & pour mon fils ; car j'aime bien mon frère ..."

Le Duc attendri prit la main de fa femme :—" Mon amie," lui dit-il, " vous me raviffez ! Ce jour eft le plus beau de mes jours ..."

" Mon ami," répondit la Ducheffe, " allons auprès de mon fils ! il s'éloigne ; & ... je vois que le parafol ne porte pas fur fa tête !"

" Tant mieux, ma femme ; le parafol fera pour vous & pour votre fille : mon fils & moi, nous pouvons nous en paffer. Ne ſommes-nous pas des hommes ? Et ſi jamais il commande une flotte, qu'aura-t-il contre les balles & le canon ?"

" Ah ! vous me faites trembler pour lui, comme j'ai tremblé pour vous . . ."

Elle rejoignit ſon fils ; & les dangers futurs le lui firent regarder plus tendrement.

TABLEAU VIII.

L'ACCORD PARFAIT.

LE maître à chanter le devient ſouvent du cœur de ſon élève.

Madame DE MARIGNI avoit un mari jaloux.—" Mon ami," lui dit-elle un jour, ne craignez pas que je vous faſſe un crime de votre jalouſie, ſi vous ſavez la rendre aimable. Elle eſt un ſentiment flatteur, lorſqu'elle n'exprime que la crainte de perdre le cœur de celle qui en eſt l'objet; mais ſi elle affecte une défiance déſobligeante, elle devient une injure : or, vous devez ſavoir, ayant autant d'eſprit que vous en avez, qu'une femme inſultée cherche toujours la vengeance. Elle ſe dédommage des plaiſirs du cœur, qu'elle n'a plus, par ceux de l'eſprit, & ces derniers ſont toujours un peu malins. Soyez donc jaloux obligeamment ; ou je vous déclare que vous ſerez tourmenté, trompé même : non que je veuille jamais rien faire contre l'honneur & le devoir ; mais on me plaira davantage, à meſure que vous me déplairez ; & je le témoignerai même en votre préſence, ſans que vous puiſſiez m'en empêcher."

" Parbleu ! Madame, c'eſt ce que je voudrois voir ! Je ne me propoſe pas d'être injurieuſement jaloux ; mais je ſerois curieux de connoître votre adreſſe, & de ſavoir juſqu'à quel point une femme peut être ruſée avec cet air naïf & doux."

" Tâchez de m'impatienter, & vous verrez."

On a dit que M. DE MARIGNI avoit le malheur d'être naturellement jaloux. Il n'eut pas de peine à impatienter ſa femme : pour cela il n'avoit qu'à ſuivre ſon caractère difficilement contraint juſqu'à ce moment.

Entre ſes amis particuliers, étoit un CHEVALIER DE C**, fort bien fait, poſſédant tous les talens agréables, & faiſant en outre de jolies romances, qu'il chantoit admirablement en s'accompagnant de la harpe. Il exécutoit un jour une de ſes romances ſur cet inſtrument chez Madame DE MARIGNI.

"Vous excellez," lui dit-elle, "Chevalier ! Je ſerois enchantée d'avoir quelques-unes de vos leçons."

Le Chevalier fut ravi. Il adoroit en ſecret Madame DE MARIGNI : mais ſachant combien fon mari étoit jaloux, il cachoit fa paffion avec le plus grand foin, de peur de fe fermer l'entrée d'une maifon où il paffoit les feuls momens heureux de fa vie.

M. DE MARIGNI, trompé par l'indifférence affectée du Chevalier, voyoit fon affiduité fans peine. Il fut furpris de la froideur avec laquelle il recevoit la propofition d'une belle Dame.

" Tu n'es guère galant," lui dit-il ; " fi j'avois ton talent, & qu'une jolie femme me fît une pareille invitation, je fais bien comme je répondrois."

" J'en fuis...très-flatté, certainement !" lui répondit le Chevalier.

" Voilà un *certainement* fort bien placé," reprit en riant le mari : " *Haï ! haï ! povero* [illegible] !"

« J'ai une romance ſur cet air-là," dit le Chevalier ; " je l'ai faite à l'occaſion d'une aventure arrivée au fils d'un Intendant de nos colonies. Pendant l'abſence de ſes parens, il devint amoureux d'une jolie marchande de modes ; & comme ſon précepteur le gênoit fort, il prit le ſingulier parti de ſe déguiſer en fille, & de ſe faire préſenter chez la mère. Il y fut reçut ; & il eut le plaiſir inexprimable d'être la camarade de chambre de ſa jeune maîtreſſe, fille aînée de la maiſon.

" C'eſt plaiſant !"

" Et cela eſt vrai ?" ajouta Madame DE MARIGNI."

" Très-vrai, Madame."

" Ah ! voyons donc votre romance."

" Madame l'accompagnera," dit le mari.

" Volontiers ; je l'ai ſur moi toute écrite."

On s'approcha de la harpe. Madame DE MARIGNI s'aſſit. Le Chevalier ſe tint debout, & préluda. Ses doigts habiles guidèrent un inſtant ceux de Madame DE MARIGNI. Puis il eſſaya ſa voix :— " Voilà, Madame," lui dit-il, " l'*accord parfait.*"

Un coup-d'œil, remarqué du jaloux, accompagna ce mot expreſſif. Il redoubla d'attention. Mais à peine les deux amans eurent-ils commencé à marier le ſon de la voix aux ſons harmonieux de l'inſtrument, qu'il fut ſubjugué, nouvel Argus, par le pouvoir magique de l'accord. Le Chevalier chantoit. Rapportera-t-on ſa romance? On la croit peut-être un chef-d'œuvre? Non, elle ne l'étoit que par la manière dont il la chanta, & plus encore par celle

dont

dont il fut accompagné par Madame DE MARIGNI.

Il étoit un petit jeune homme,
Qui désiroit cueillir la pomme
Dans le joli jardin d'Amour:
Ah! bravo, bravo, le bon tour! [*bis*]
Il a quitté ses parens comme
Ils entroient dans leur premier somme:
On le chercha, quand il fut jour.
Haï! haï! cher d'Onecour! [*bis*]

On dit qu'Hercule, auprès d'Omphale,
Laissa la palme triomphale
Pour tourner le fuseau d'Amour:
Et voilà comme on fait sa cour! [*bis*]
Celui dont je conte l'histoire
Grava ce trait dans sa mémoire,
Pour être héros, à son tour!
Bravo, bravo, cher d'Onecour! [*bis*]

Est-il un cœur assez barbare
Pour mépriser un feu si rare?
Oh non! l'amant est fait au tour;
Le recevoir est le plus court. [*bis*]

Mais un orage ſe prépare,
Des périls ... des dangers ... Tarare !
On les ſurmonte par l'amour.
Bravo, bravo, cher d'Onecour ! [*bis*]

Auprès d'une beauté touchante,
Il jouit d'un ſort qui l'enchante,
Sans qu'on ſoupçonne ſon amour :
C'eſt-là ce qu'on nomme un bon tour. [*bis*]
Il voudroit bien que ſa maîtreſſe,
S'abandonnant à la tendreſſe,
Le rendît aſſez heureux pour
Qu'on dît, Bravo, cher d'Onecour. [*bis*]

Au dernier couplet, les yeux du Chevalier ſe fixèrent ſur Madame DE MARIGNI, au moment où elle levoit les ſiens. La voix du Chevalier devînt tremblante & plus tendre. Les doigts de la belle pincèrent les cordes avec plus de molleſſe ; & l'accord de leurs cœurs augmenta celui de l'expreſſion harmonique. Le mari placé devant eux les regardoit. Tout-à-coup un inftinct jaloux le fit lire au fond de leur ame. Il frémit...

Rien ne frappoit les deux amans qu'eux-mêmes; ils étoient fous le charme.... Cependant le mouvement convulfif que fit M. DE MARIGNI rappela leur attention.

Il venoit de fe lever brufquement, & leur tournoit le dos....

Leurs mains fe rencontrèrent; elles fe prefsèrent; & un foupir, fuivi d'un regard, en dit plus qu'un long difcours. Ils rejoignirent M. DE MARIGNI, qui venoit d'ouvrir une croifée.—" *L'accord parfait, l'accord parfait!*" murmuroit-il.

" L'avez-vous trouvé?" lui dit fa femme.

" Ce n'eft pas *moi*, morbleu! c'eft *vous*, Madame, qui favez le prendre"... Fixant enſuite le Chevalier, « Voyez-vous cette fenêtre ?" lui dit-il : « eh bien ! vous ſortirez par-là, ſi jamais vous vous aviſez de remettre les pieds chez moi."

« Monſieur," répondit fièrement le Chevalier, « vous avez tort ! Mais euſſiez-vous raiſon, jamais on ne m'a menacé."

« Eh bien ! je commence."

« Vous m'en ferez donc raiſon, Monſieur."

« Moi ! pas du tout. Je ſuis mari ; je ſuis jaloux de vous : c'eſt loin de vous inſulter, vous faire beaucoup d'honneur ! D'ailleurs je ne me bats jamais."

« Vous commencerez avec moi."

« Mon Dieu ! non, mon cher Chevalier ; je ſuis jaloux : mais je crains le ridicule ;

& ce feroit me donner le plus grand de tous, que de me battre pour vous empêcher d'aimer ma femme. J'empêcherai feulement que votre *accord ne foit parfait.* Et pour cela, il faut que je vive ...; car je fuis fi jaloux, que je mourrois comme un enragé, fi vous me donniez un coup d'épée .... Qui feroit là, lorfque je ne vivrois plus, pour empêcher l'*accord parfait?*"

Il parloit férieufement : ce fut par jaloufie qu'il ne fe battit pas ; car il étoit brave, violent, & un peu fou ; trois qualités effentielles pour appeler quelqu'un en duel, ou pour l'accepter.

TABLEAU IX.

LE RENDEZ-VOUS POUR MARLY.

—« MOI, je veux mon tambour ! »

« Ma fille, rendez le tambour à votre frère ! ce joujou-là n'eſt pas fait pour votre ſexe ! »

« Encore deux petits coups, Maman ! & je vais le rendre ! »

Ainſi parloit la jeune COMTESSE DE REMBLAY, en entrant dans le parc de Marly avec ſon mari, ſa mère, & ſes deux enfans.

« Ma mère, » dit M. DE REMBLAY, « ſi nous allions rencontrer ici la MAR-

QUISE DE FORGES, & ma jolie coufine fa fille !"

" C'eft très-poffible, mon gendre ; car je les apperçois ... Tenez ! votre coufine nous regarde ! ... Eh ! voilà le vieux BARON DES-ROSIERS, avec fa jeune femme ! Ils vont droit à elles ! ..."

" Oui, ma mère, nous allons nous rencontrer !"

" C'eft fait exprès, fans doute ; & je fuis fure que votre femme lui a donné ce rendez-vous. Eh bien ! il faut en convenir."

" Puis-je rien refufer à une femme comme la mienne ? ... Voyez fes titres," ajouta-t-il, en montrant fes deux enfans ; " car je ne parle pas de fa beauté, de fes vertus."

" Ah ! il eſt vrai, mon ami, mon cher Comte, que votre femme . . . Dites-moi donc, ma fille, ce que je leur dirai ?"

" Ma chère Maman, que vous êtes charmée de les voir . . . La tournure de la converſation & les circonſtances vous ſuggéreront tout le reſte."

On s'approchoit, pendant cette converſation. L'on ſe tut, lorſqu'on ne fut plus qu'à trente pas. La jeune Comteſſe quitta le bras de ſon mari, & prit ſes deux enfans, pour aller à ſa tante, qui l'embraſſa. Le Comte ſalua le vieux Baron ſon parent, & la jeune épouſe qui lui enlevoit une partie de ſes eſpérances. Les deux belles-ſœurs regardoient en deſſous à qui feroit le premier pas...Enfin la mère de la Comtesse de Remblay s'avança, & la vieille Marquiſe courut à elle. On s'embraſſa ; & aucun des projets de réſerve, & de reproches couverts, n'eut ſon exécution. La Marquiſe dit ſimplement qu'elle avoit donné ſa fille cadette au Baron, au lieu de la mettre au couvent; que ſa fille aînée alloit procurer à la famille une alliance très-avantageuſe, en épouſant un homme en faveur. Elle le leur nomma, en s'approchant de l'oreille de ſa belle-ſœur; & cette eſpèce de confidence acheva la réconciliation. Le Baron fut très-gai. Il prit les deux enfans par la main, & dit qu'il les adopteroit un jour. On entra dans les jardins.

On y avoit fait quelques tours, lorſqu'on remarqua un beau jeune homme qui ſe promenoit ſeul, mais qu'on rencontroit toujours. Le Comte n'étoit pas jaloux: mais enfin ſa femme étoit belle; & quoique vertueuſe & mère, à vingt-deux ans qu'elle avoit alors, elle pouvoit être aimée malgré elle. Ce qui lui donna cette idée, c'eſt que le jeune homme tenoit ſes yeux fixés ſur elle, & qu'il affectoit de paſſer à côté de la Comteſſe, quand il ſe trouvoit en retour dans la même allée : c'en étoit bien aſſez pour inquiéter le plus heureux des époux. Il auroit pu dire à la Comteſſe, « Ce jeune homme vous regarde ſans ceſſe :» mais il craignoit de le lui apprendre.

Tandis qu'il étoit dans cette perplexité, on entra dans une route tortueuſe. Le Comte ſe propoſa d'en profiter, pour tâcher de s'inſtruire. En effet on ſe ſépara, on s'égara dans le boſquet. Le Comte, toujours attentif à ſon épouſe, l'apperçut avec ſes deux enfans, qu'elle avoit pris par la main, & ſa mère. Il chercha le jeune homme avec précaution ; & enfin il eut le bonheur de le trouver derrière un gros buiſſon de genêts d'Eſpagne, auprès de la jeune Baronne.

“ Je vous adore,” lui difoit-il, “ vous le favez ! je fens tout le prix de ce rendez-vous ! ... Mais, mon adorable Euphrofine, fi vous n’êtes pas à l’avenir moins timide, mon malheur eft certain ! vous favez que nous étions convenus, lorfque le Baron vous demanda, que ...”

“ Paix !” lui dit la jeune Baronne, en lui mettant la main fur la bouche ; “ ne répétez pas cela ... je le fais ... Attendez .. attendez ! ... je ne veux pas me perdre, & vous avec moi ! ... Je fuis tendre ... mais je fuis prudente ...”

“ Eh ! peut-on languir, à mon âge, fans efpoir ... fans rien qui ... faffe prendre patience ! ...”

“ Paix donc !” (& elle regardoit de tous côtés ; le jeune homme lui-même étoit fur le qui-vive, à l’entrée d’une route par laquelle il devoit s'échapper au moindre bruit). " Vous êtes d'une pétulance !... Mon cher Marquis ! vous m'avez tant dit que je ferai l'arbitre de votre fort ; & vous ne m'en laiffez pas difpofer ! Si j'étois au couvent, ce feroit pis encore !"

" Ah ! oui." Il lui baifa la main ; un petit bruit fit treffaillir les deux amans ; & le Marquis fauta en arrière avec une preffeffe qui tenoit du prodige. Mais il n'alla pas loin. Il revint, & emmena la jeune Baronne dans le bofquet.

Le Comte eut bien de la peine à les y fuivre. Il n'y parvint même qu'en faifant du bruit. Tout ce qu'il put entendre, quand le Marquis s'éloigna, c'eft qu'on fe donnoit un rendez-vous pour le lendemain aux quatrièmes des *Italiens*.

La Baronne rejoignit la compagnie : elle parut très-contente.

On revit encore le jeune homme, qui avoit l'air plus gai . . . Il regarda toujours la Comteſſe ; & même il lui ſourit, ce qui fit que le Comte le ſalua. Le jeune homme fut obligé de rendre le ſalut ; & le Comte l'aborda.

“ Je vous crois M. le MARQUIS DE GIENS,” lui dit-il, “ à en juger par votre reſſemblance avec votre frère aîné.”

“ Oui, Monſieur,” répondit le Marquis ; “ & j'ai vu Madame la COMTESSE DE REMBLAY dans deux maiſons.”

“ Vous avez de l'eſprit,” lui dit le Comte ; “ je le vois.”

Cette réponſe étoit un peu ſingulière ; & le Marquis la ſentit. Il ſalua la Comteſſe ; & à la première occaſion il s'éloigna.

On revint de Marly. Le Comte tint, le lendemain, un de ſes gens qui avoit beaucoup d'intelligence, en embuſcade devant la porte du Baron. On remit une lettre à la jeune Baronne ; & ce fut le Marquis lui-même, ſous la livrée de l'homme en faveur, qui devoit épouſer la ſœur de la Baronne. Par cette lettre, le Marquis changeoit le rendez-vous du ſpectacle, & le remettoit à l'Opéra pour le lendemain. Il la dépoſa ſur la cheminée de l'antichambre. Le valet du Comte entra, ne trouva perſonne, la prit, & s'en empara pour ſon maître. Le Comte l'ouvrit, & la trouva conçue en ces termes :

« Je tremble, ma charmante amie, que
« nous n'ayions hier été entendus à Marly,
« par le COMTE DE REMBLAY ! ce ſeroit
« un grand malheur ! En tout cas, allez
« aux *Italiens* aux premières ; je ſerai au
« parterre, pour y jouir de votre vue.

« Mais nous nous verrons demain à l'Opéra.
« Si je ſavois que le Comte eût pénétré no-
« tre ſecret, je ne verrois d'autres moyens
« d'éviter notre malheur que de lui faire
« un appel, & de nous battre : il me tue-
« roit, ou je le tuerois ; & perſonne n'en
« ſauroit rien, par le choix d'un endroit
« ſolitaire, comme la forêt de Fontaine-
« bleau, par exemple. Demain nous cau-
« ſerons de cela. Cachez à tout le monde
« que vous allez à l'Opéra. Votre mère
« vous aime ; elle fait quelquefois de petits
« menſonges en votre faveur ; & vous en
« êtes quitte pour une remontrance aſſez
« douce. A demain."

« Brûlez ma lettre."

« Le *petit Papa.*"

Le Comte fut un peu ſurpris de cette miſſive. Il comprit très-bien le deſſein du Marquis, de lui faire un appel ; mais il n'en n'en comprit pas les motifs puiſſans. Il n'entendit pas davantage la ſignature de *Petit Papa.* Il brûla cependant la lettre, ſuivant l'ordre très-impératif du Marquis, & ſe tint tranquille.

Six mois après, la jeune Baronne devint groſſe. Le Comte n'en fut pas étonné. Le Baron fut ivre de joie ; & le Marquis voyagea. La Baronne eut une fille.

« C'eſt toujours cela," dit le Baron ; « j'ai quelqu'un à qui tenir."

Il eut un fils l'année ſuivante ; un an après, deux jumeaux, mâle & femelle, qui vécurent ; la quatrième année de ſon mariage fut auſſi féconde.

« Diable," dit-il, « mais je vais avoir trop d'héritiers ! & il faut borner ma dépenſe, pour élever tout cela ! Six enfans en quatre années !"

Il en eut ſept, huit, neuf, dix, enfin juſqu'à douze. Tout le monde étoit émerveillé, excepté le Comte : mais il gardoit un profond ſecret, même avec ſon épouſe.

Enfin le Baron mourut. Le Marquis épouſa la veuve, & ſe fit un honneur infini dans le monde par ſa conduite généreuſe envers ſes beaux enfans : mais il exigea que le fils aîné prît ſon titre & ſon nom.

Le Comte le rencontra un jour, après tous ſes arrangemens ; ils en causèrent enſemble. Le Marquis s'en félicita.

" Oui," lui dit le Comte, " vous êtes heureux, j'en conviens : mais à combien peu votre bonheur a tenu ! ſi j'avois dit un mot, le jour du rendez-vous pour Marly, tout étoit changé. Vos ſoupçons étoient vrais ; je vous avois vu ; je vous avois entendu.

Le Marquis lui ſauta au col, en lui répondant :—" Vous êtes l'homme unique, & mon meilleur ami ! Je vous dois tout ! Votre diſcrétion eſt le comble de l'honneur ; car vous l'avez eue contre vos intérêts."

Huit jours après, le Comte fut tué en duel. Or le Marquis étoit un homme de Cour.

TABLEAU X.

LES ADIEUX.

RIEN de si *avantageux* qu'un petit officier François.

La belle Présidente DE TOURVEL, non pas cette infortunée dont toute la France a pleuré le malheur, mais une autre plus douce, adorée de son jeune amant, & trompée seulement par son cœur, entroit dans sa loge à l'Opéra, la main appuyée sur le bras de son mari. Le jeune CHEVALIER DE FLOREVILLE, qui les accompagnoit, avoit préludé dans la voiture, en poussant un pied sous celui de la jeune Présidente ; & ils avoient ainsi conversé de la manière la plus expressive. Le Chevalier soulevoit.—

Que je vous aime ! La Préſidente preſſoit.—*Que vous m'êtes cher !* Le Chevalier faiſoit trois petits mouvemens rapides :—*Mais vos rigueurs m'impatientent.* La Préſidente répondoit, en preſſant doucement :—*Vous voyez que je ſuis obſédée ; il ne me quitte pas.* Le Chevalier élevoit le pied de la Préſidente, qui cédoit.—*Il faut l'éloigner, & bruſquer l'aventure !* La Préſidente appuyoit bruſquement le talon, au point de faire un peu mal.—*Bruſquez, bruſquez !*

L'on en étoit là quand on arriva au ſpectacle. On deſcendit de voiture : on monta le grand eſcalier : on parvint dans le corridor ; & l'ouvreuſe de loges mit la clef dans la ſerrure : la porte s'ouvre : le Préſident s'empreſſe : la toile étoit levée. Le Chevalier s'étoit ſaiſi de la belle main de la Préſidente, ſur laquelle il ſavouroit un long & délicieux baiſer... Avec quel doux raviſſement elle lui répondoit !...Le Chevalier partoit à minuit pour ſon régiment; & ce baiſer ſur la main complettoit ſes adieux : ſix mois entiers alloient le ſépa-rer de ſa belle couſine ; car Madame DE TOURVEL étoit ſa parente.

Dirai-je quel opéra l'on jouoit? Non, la Préſidente l'avoit oublié : elle n'y penſa pas un ſeul moment : elle ne vit que le Chevalier : elle ne fut émue que de ſes adieux ; & ce furent eux, & non *Iphigénie*, *Orphée*, ou *Armide*, qui l'attendrirent. Tout ce qu'elle ſentit, c'eſt qu'on lui donnoit de-la muſique de *Gluck*, de cette muſique vrai-ment dramatique qui s'amalgamoit à ſes ſentimens, à ſes reſſouvenirs, & qui modu-loit tout ce que lui avoit dit le Chevalier, ſes adieux ſur-tout. Elle l'entendoit lui parler. L'expreſſion de l'acteur étoit à lui : celle de l'actrice étoit à elle. Ils ſe parlèrent pendant tout le ſpectacle ; & même dans les ballets, ce fut avec lui qu'elle dansa. Charme puissant de l'Amour, par lequel il s'empare de tous les plaisirs, & les transforme dans sa propre substance, tu prolongeas de trois heures, pour la Présidente DE TOURVEL, la présence du CHEVALIER DE FLOREVILLE.

Il étoit occupé à se préparer à partir : il avoit toujours remis : le dernier instant étoit enfin arrivé ; il n'y avoit pas un moment à perdre : les Anglois menaçoient nos côtes, ou nous menaçions les leurs : on préparoit une marine redoutable ; & l'on alloit briser les nœuds qui unissoient l'Amérique à l'Angleterre ; chef-d'œuvre de politique, & la gloire immortelle de Louis XVI.... Mais tout en se préparant, le Chevalier réfléchissoit aux moyens de gagner encore six heures de séjour à Paris. L'Amour ne compte pour rien les momens passés ; l'avenir est voilé pour lui : véritable enfant, il ne voit que le présent ;

il s'en occupe, & voudroit pouvoir l'arrêter.

Le Chevalier calculoit donc les inſtans : —" En crevant les chevaux, j'arriverai à l'heure.... La Préſidente s'eſt attendrie ; je l'ai vu : jamais elle ne m'avoit permis de lui baiſer la main !... Quelques inſtans de plus, & je ſuis heureux !"

Plein de cette penſée, il s'achemine chez la Préſidente, après avoir donné ordre à ſes gens de venir l'attendre avec ſa chaiſe à cent pas de la porte ! grande diſcrétion ! Mais c'eſt un jeune officier !... Il alla trouver la femme de chambre de la Préſidente, un moment avant le retour de l'Opéra.

" Je dois voir un inſtant ta maîtreſſe, à ſon retour : ne lui en parle pas ; feins de l'ignorer ... Il le faut ; elle te prendroit en haine, si elle savoit que je te confie ce secret."

La femme de chambre crut le Chevalier. Monsieur & Madame arrivèrent. On soupa.

Cependant FLOREVILLE étoit dans la chambre à coucher de la Présidente, que sa femme de chambre avertit malgré sa promesse. Madame DE TOURVEL fut effrayée. Elle ne pouvoit renvoyer le Chevalier, sans que son mari s'en apperçût ... Elle ne savoit comment faire ... Elle prit le parti de se retirer dans son boudoir, & de faire mettre des draps à un lit de repos qu'on arrangea pour la coucher. Elle espéroit que le Chevalier s'ennuyeroit seul ; & elle chargea sa femme de chambre de le renvoyer sans bruit.

Mais que faisoit l'étourdi ? Se doutant, au retard, que la femme de chambre avoit instruit sa maîtresse, il se mit au lit, très-sûr qu'on le préserveroit de tout inconvénient. Il fut persuadé de son prochain bonheur, lorsque, vers minuit & demi, il entendit ouvrir dans la ruelle une porte dérobée. On s'avança en tâtonnant ; on le toucha ; on souleva le drap & les couvertures ; & l'on se mit au lit. La prudence vouloit que le Chevalier attendît, en feignant de dormir.

« Vous dormez, ma chère, » dit une voix qui étoit bien celle du Président.

Mot. Le Chevalier tremblant, outre qu'il avoit la langue glacée, n'avoit garde d'ouvrir la bouche. Le mari voulut embrasser sa femme. FLOREVILLE se tint couché sur le visage, & tâcha de marquer la respiration du sommeil.

« C'eſt dommage de l'éveiller," dit le Préſident. Il ſe tint tranquille ; mais quelques inſtans après il fit une nouvelle tentative, qui ne lui réuſſit pas mieux. « Il « ne faut pas la contrarier," dit-il tout haut ; & il s'endormit.

Dès que le Chevalier s'en apperçut, il ſe gliſſa doucement hors du lit, chercha ſes habits, les trouva difficilement, s'habilla comme il put, & tâtonna pour rencontrer la porte : heureuſement qu'il put l'ouvrir. Il ſortit : mais où aller dans l'obſcurité ? Il s'éloigna au haſard ; & trouvant la porte d'une chambre où il y avoit de la lumière, il penſa que c'étoit celle de la femme de chambre. Il tourna la clef : c'étoit celle du Préſident, qui avoit laiſſé ſon flambeau allumé. Le Chevalier s'en empara pour ſe guider ; & piqué du mauvais ſuccès de ſon projet amoureux, il trouva plaiſant d'écrire ſur une belle feuille, *Adieu, Madame la Pré-*

fidente. Il ſortit par l'eſcalier dérobé, traverſa le jardin, &, toujours portant ſon flambeau, parvint à la porte où ſa chaiſe l'attendoit, y monta, & partit.

Cependant M. le Préſident s'éveilla. Il ne trouva perſonne auprès de lui.

« Serois-je retourné dans mon lit ? » penſa-t-il : « je le crois : » & il ſe tranquilliſa.

La Préſidente, de ſon côté, étoit dans une mortelle inquiétude. Elle envoya enfin ſa femme de chambre ſavoir ce qui ſe paſſoit. LOUISETTE entre dans la chambre à coucher de ſa maîtreſſe avec une lumière. Le bruit qu'elle fit, éveilla le Préſident, qui entr'ouvrit le rideau.

« Que voulez-vous ? » dit-il à LOUISETTE ... « Je ſuis chez ma femme : où eſt-elle ? »

“ Monſieur .... Madame...eſt dans votre lit !”

La Préſidente avoit ſuivi LOUISETTE. Elle ſe hâta de vérifier ce qu'elle annonçoit.

Le Préſident alla trouver ſa femme.

“ Eh ! mon Dieu, Madame ! quelle idée !”

“ Vous m'incommodiez, Monſieur ! je vous ai laiſſé.”

Le Préſident ſe mit à côté d'elle ; & ils achevèrent heureuſement la nuit.

Le matin, la Préſidente rentra chez elle par la porte dérobée. Le Préſident prit ſa robe de chambre, s'approcha de ſa table, & lut : *Adieu, Madame la Préſidente.* Il connoiſſoit l'écriture du Chevalier. Il fut très-ſurpris : mais la vérité pouvoit-elle ſeulement ſe ſoupçonner ? Il penſa d'abord que le Chevalier avoit écrit ces mots après le dîner... Puis réfléchiſſant qu'il ne pouvoit être entré dans ſa chambre à coucher, il eut des inquiétudes... Enfin il s'arrêta au plus affreux des ſoupçons... Il s'informa. Un vieux laquais à la fenêtre avoit vu de la lumière dans le jardin. Le Préſident chercha ſon flambeau ; on ne le trouva plus... Il crut ſa femme coupable ; mais il diſſimula, juſqu'à une lettre amphigourique qu'écrivit le Chevalier à la Préſidente, & qu'il intercepta... Ce fut alors, que ſe croyant sûr de l'infidélité de ſon épouſe, il ſe plaignit à la famille, adminiſtra ſes prétendues preuves, & la fit mettre au couvent.

Elle n'étoit pas entièrement innocente ; mais elle n'avoit été que ſuſceptible d'un écart moral, qui ſe pardonne. Elle ſe juſtifiera.

TABLEAU XI.

LA RENCONTRE AU BOIS DE BOULOGNE.

—“ JE n'ai pas dormi : le ſoleil annonce le plus beau jour du printems : je voudrois aller me promener .... au bois de Boulogne ...”

“ Vous n'êtes plus la même, depuis ce malheureux bal ... Que vous eſt-il donc arrivé, Madame ?”

“ Habillons-nous en amazone ; montons à cheval ; & ... partons, ſuivies de quelques valets de pied ... Je vous ferai une confidence qui me pèſe depuis longtems.”

La Princesse de *** ſortoit de ſon palais, par une porte qui donnoit dans le parc, accompagnée de la Baronne de ***, qui poſſédoit toute ſa confiance.

A peine furent-elles dans la compagnie, que la Princeſſe dit, en ſoupirant : « Vous ne me parlez plus de ce bal ! »

« Je craignois d'être importune, » dit la Baronne : « je n'arrache pas les ſecrets ; je me contente de les recevoir : mais je les garde bien. »

« Je le ſais, » reprit la Princeſſe, « & depuis long-tems, je brûle d'envie de vous confier le mien . . . . Mais . . . ce qui m'a retenue, ce n'eſt pas la défiance. »

« Vous m'inquiétez, Madame ! Ce n'eſt pas la défiance ! quel motif avez-vous ? »

« La crainte du ridicule J'ai...un goût romanesque ; & ... je rougissois...de l'avouer... Vous savez que j'entretins long-tems au bal un masque parfaitement bien fait : je ne vous cacherai pas qu'il me plut ! Non qu'une passion coupable soit entrée dans mon cœur ; mais je l'ai trouvé si aimable, si intéressant, que je voudrois le connoître, pour le servir de tout mon crédit ... C'est tout, au moins ... Je connois mes devoirs, & ... »

« Je vous rends justice, Madame ; & votre cœur est pur, comme votre beauté. Que ne m'avez-vous parlé plus tôt ? Je l'aurois cherché : peut-être l'aurois-je découvert ! ... Je me rappelle ... Il m'a paru jeune & bien fait. »

« Je voudrois le protéger ; mais non pas .... Que j'aime cette solitude ! elle repose mon imagination ... »

“ Ah ! vous aimez l’inconnu.”

“ Et quand je l’aimerois ! . . . ſerois-je coupable ?”

“ Non ; mais vous pourriez vous expoſer . . . Il me faut une entière confidence . . . Ne me déguiſez rien ! il y va de votre repos, & . . . du mien, qui dépend abſolument du vôtre.”

“ Vous ſavez toujours me faire une douce violence . . . Et moi, je me meurs d’envie de vous parler ; & . . . je ne ſais qui me retient encore . . . Mais ici nous ſommes ſeules . . . bien ſeules . . .”

“ Vous redoublez ma curioſité, Madame !”

“ Je déſire plus que tout au monde,” reprit la Princeſſe, en héſitant un peu,

“ de revoir mon aimable inconnu ... Mais pourquoi donc a-t-il tant de pouvoir ſur mon cœur ?”

“ Parce qu'il eſt aimable.”

“ Mais il ne l'eſt pas comme les autres hommes : il a un charme *féique* ... Il me ſemble que c'eſt plutôt un ſylphe qu'un mortel.”

“ C'eſt que vous ne l'avez qu'entrevu dans un moment où le charme du plaiſir l'embelliſſoit : ſi vous aviez été triſte ou ſouffrante, il vous auroit paru cent fois moins aimable.”

“ Je veux le croire : mais enfin, je l'ai trouvé charmant.”

Ce fut avec ces diſcours & de ſemblables que la Princeſſe & la Baronne entrèrent dans le bois de Boulogne. Elles tournèrent la tête, & elles apperçurent des cavaliers à une grande diftance.

« Le cœur me bat,” dit la Princeffe : « fi c’étoit-là mon inconnu !”

La Baronne fourit, & fit entrer fon cheval dans une route. La Princeffe la fuivit. Elles n’avoient pas fait trente pas qu’elles entrevirent un carroffe arrêté.

« Je veux defcendre,” dit la Princeffe, « & voir qui fe tient là tranquille dans fa voiture ! Surement c’eft une femme.”

« Peut-être,” répondit la Baronne, « font-ce deux amans que vous dérangeriez.”

« Il n’importe,” reprit la Princeffe : « je veux être indifcrette : je fouffre, & je ſuis ſans pitié : d'ailleurs j'ai des preſſentimens."

La Baronne fit ſigne à un valet de pied. Elles deſcendirent. La Princeſſe s'avança hardiment à la portière, qu'elle ouvrit. Qui étoit-ce ? le MARECHAL DE BIRON, preſque aveugle, qui recevoit par une portière ouverte de l'autre côté les rayons bienfaiſans du ſoleil.

La Princeſſe, un peu honteuſe, lui dit : « Monſieur le Maréchal, j'étois indiſpoſée à votre dernière revue ; mais j'irai à celle-ci ; & j'eſpère vous y voir."

« Madame," lui répondit-il, ſans la reconnoître, j'aurai ſoin de vous y faire bien placer."

La Princeſſe ſe retira, très-aiſe de n'avoir pas été reconnue. Elle remonta à cheval, quitta la petite route, & en ſuivit une autre.

La Baronne n'avoit pas encore repris le ſien, que tenoit un valet de pied, lorſqu'elle entendit venir de leur côté : c'étoit un des deux cavaliers qu'elles avoient apperçus lorſqu'elles étoient entrées dans le bois. Il paſſa rapidement : la Princeſſe fit un cri.

« Qu'eſt-ce, & qu'avez-vous, Madame ? » lui dit la Baronne effrayée.

« C'eſt mon inconnu ! »

« Et vous a-t-il vue ? »

« Non : j'ai retenu mon cheval ; & il ne l'a pas entendu . . . C'eſt lui ! je ne ſais quoi me l'a fait reconnoître ! Il a ſon chapeau rabattu . . . mais . . . il eſt charmant ! »

Comme elle achevoit ce mot, on entendit le galop d'un cheval qui revenoit par la route où étoient les Dames : c'étoit le Cavalier. Il paſſa près de la Princeſſe : tous deux retinrent en même tems leurs courſiers ; & le Cavalier regarda fixement la belle : c'étoit ſon frère !

" Eh quoi ! c'eſt toi qui te mêles de me charmer !" lui dit-elle. Ah, méchant ! pourquoi ne t'être pas fait connoître ?"

" Pour te faire éprouver ſans danger les délices & les tourmens d'une paſſion naiſſante."

" Voilà le charme détruit ! . . . Mais je ſuis avec ton mari, qui t'adore, qui fait tout par moi, & qui va te donner la réalité de tes chimères : car nous changeâmes d'habit ; & tu le pris enſuite pour moi. Il vient de paſſer ; & c'eſt lui qui eſt ton aimable inconnu !"

“ Je ſavois tout cela, Madame,” s’écria la Baronne : “ jugez comme j’ai dû vous plaindre !”

La Princeſſe rougit ; mais un mouvement de joie agita ſon cœur. Elle ſentit qu’il faut un peu d’illuſion pour aimer ſon mari : elle courut rejoindre le ſien, & s’éloigna ſeule avec lui.

“ Elle nous quitte !” dit la Baronne.

“ Sans doute ! elle veut ſe convaincre du prodige ; & ſoyez ſure que ſi elle retrouve l’amant dans le mari, la voilà heureuſe pour long-tems, peut-être pour toujours . . . Mais ſuivons-la.”

Ce moyen ſingulier réuſſit pour ranimer un ſentiment preſque anéanti par l’habitude.

TABLEAU XII.

LA DAME DU PALAIS DE LA REINE.

—« VOTRE toilette eſt parfaite, Madame ! & vous êtes la Reine des belles, la Reine des cœurs, autant que celle de France !"

Ce compliment étoit vrai : il étoit adreſſé à la Souveraine, prête à partir pour aller chez le Roi. Deux pages la précédoient : derrière étoit BRISSAC, noble reſte des antiques Chevaliers ; & le DUC D'AYEN cauſoit avec lui. Ce dernier ſe retourne, au départ de la Reine ; & remarquant ſa chauſſure unie, de la couleur tendre des feuilles nouvelles du printems :—" Madame," lui dit-il, " *l'univers eſt à vos pieds.*"

« Ah ! je le crois," dit le MARE'CHAL DE BRISSAC ; " & je crains fort que Madame ne ſoit obligée de faire bientôt comme cette Princeſſe qui ne ſortoit pas de peur de faire tourner toutes les têtes !"

" Nous venons d'en avoir un exemple," dit la Dame du Palais.

" C'étoit un fou ; mais c'étoit un homme : & ſi la parure devoit encore produire un ſeul effet pareil, j'y renoncerois . . ."

La Dame qui venoit de parler à la Souveraine, étoit brune & charmante ; mais elle perdoit la moitié de ſon éclat lorſqu'elle étoit auprès d'ANTOINETTE. C'eſt elle qui fut le modèle des riens délicieux, des graces mignardes, de la marche enfantine, de tout ce qui fait chérir une femme comme jolie, comme bijou, comme provoquante. Elle n'avoit pas d'amans, quoique libre, quoique adorée de tous les hommes qui l'entouroient. Elle n'aimoit alors que deux êtres au monde, la Reine, & une jeune orpheline qu'elle avoit rencontrée enfant deux années auparavant. On se rappelle que la Reine avoit trouvé un joli petit garçon auquel cette Fée souveraine avoit fait des caresses & des questions... La Dame du Palais étoit présente : elle fut touchée, attendrie. De retour à Versailles, elle apperçut un jour à la grille en dehors, une petite fille d'une aimable figure, & qui la regardoit attentivement. Elle s'approcha de la grille pour lui parler.

« Vous trouvez donc du plaisir à me regarder, ma petite ? »

« Oui, Madame. »

« Comment me trouvez-vous ? »

"Oh ! bien belle ! & aussi bien bonne de me parler !"

"Vous êtes jolie aussi."

"Et de quoi ça me servira-t-il ? Peut-être à devenir une malheureuse !"

"Quelle singulière idée, mon enfant !"

"Oh ! Madame, elle est vraie ; car c'est notre voisine qui le disoit à sa voisine, le jour de la mort de ma pauvre mère."

"Vous n'avez plus de mère ?"

"Ni de père, Madame."

"Orpheline !"

"Tout-à-fait."

"Pauvre enfant ! Elle me touche... Ouvrez la grille," dit-elle à un garde Suisse ; "je veux la prendre avec moi."

" O Madame," s'écria l'enfant, " feroit-il poffible !"

" Quel âge avez-vous ?"

" Quatorze ans."

" Vous n'en paroiffez pas dix !"

" C'eft que j'ai fouffert."

" Pauvre petit être !" dit Madame de ***.

Elle continua de caufer avec l'enfant. En s'en retournant au château, elle la fit approprier ; AGATHE foupa ; & on la mit au lit.

Le lendemain l'enfant parut charmante devant fa protectrice, qui la prit tellement en amitié qu'elle ne pouvoit plus s'en féparer. Ce qu'il y a de particulier, c'eft que Madame de *** ne s'informa pas de la famille d'AGATHE ; elle avoit cru en ſavoir aſſez, en apprenant qu'elle étoit orpheline & abandonnée. Elle craignoit de lui trouver des oncles & des tantes, qu'elle auroit pu accuſer de dureté. Elle vivoit donc dans une ſécurité parfaite : ſes ſentimens pour AGATHE contribuoient à ſon bonheur. AGATHE y répondoit avec ardeur. Souvent Madame de *** faiſoit coucher AGATHE avec elle ; & alors cette enfant dormoit ſur le ſein de ſa déeſſe bienfaiſante. Quel bonheur ! il étoit d'autant plus réel, que rien n'en altéroit l'innocence.

J. J. Rouſſeau dit une choſe effrayante dans ſon *Emile* . . . " Un homme eſt heu-
" reux ; rien ne le frappe ; on ne voit
" aucun changement extérieur qui puiſſe
" l'affecter ! cependant il tombe dans le
" déſeſpoir . . . . Il n'a reçu qu'une lettre
" qui vient de ſoixante lieues."

Une

Une nuit que Madame DE *** faisoit partager son lit à la jeune AGATHE, qu'elle avoit depuis quatre ans, elle lui témoigna plus d'amitié que jamais . . . La jeune personne y répondoit avec une vivacité qui ne pouvoit déplaire. Enfin on s'endormit. Madame DE *** rêva : elle eut un de ces songes ravissans dans lesquels il semble que la nature nous envoie un sylphe ou une sylphide pour nous procurer le bonheur suprême. Elle soupiroit : elle étoit dans l'ivresse . . . Elle s'éveilla enfin . . . pressée dans les bras d'AGATHE.

" Ah !" lui dit-elle, " tu secondois l'illusion ! ou peut-être l'as-tu fait naître par tes caresses ! . . . Je vois que tu m'aimes tendrement, puisque c'est à mon insu que tu me les prodigues !"

" Oui," lui dit AGATHE, " je vous dois tant de reconnoissance."

“ Ah ! ne m’en parles pas !... Ta tendresse m’a tout payé : mais d’où vient le charme qui m’attache à toi ? Jamais il n’en fut de plus fort, de si doux, de si délicieux !”

AGATHE enchantée ne lui répondoit que par un baiser.

Quelque tems après, Madame DE *** se trouva légèrement indisposée. On eut de l’inquiétude pour sa santé... Elle fut obligée de rester chez elle : on fit avertir un médecin, qui lui tâta le pouls.

“ Madame, éloignez vos femmes.”

“ Qu’y a-t-il donc ?”

“ Du très-particulier, dont vous devez vous douter.”

“ Je ne me doute de rien... Je veux qu’AGATHE reste.”

« Non, Madame, il ne le faut pas."

" Vous m'effrayez !"

" Cela ne ſe peut pas ! car enfin, Madame, vous ſavez mieux que perſonne..."

" Quoi, que ſais-je ? Allons, parlez donc."

" Ah ! c'eſt trop fort auſſi ! Que vous êtes groſſe, Madame !"

" Que je ſuis . . . . allez, vous êtes un fou."

" Conduiſez-vous néanmoins en conſéquence, Madame, ſi vous ne voulez expoſer ni votre honneur, ni votre vie."

" Vous m'étonnez . . . Mais répondez-moi ; un ſylphe peut-il mettre dans l'état où je ſuis ? vous dites que . . ."

“ Certainement, Madame,” répondit en riant le Médecin . . . Mais une femme d’esprit comme vous . . .”

“ Je m’entends. Je ne crois pas qu’il y ait des êtres réels qu’on appelle ſylphes ; mais dans un ſonge . . . ſingulier . . .”

“ Non, Madame, ſi le ſonge eſt ſingulier . . . Mais s’il eſt ordinaire . . .”

“ Je ne vous entends pas !”

“ Tout ceci n’eſt que du verbiage, Madame : mon devoir eſt de vous déclarer votre état, & de vous donner mes ſoins, lorſqu’ils vous feront néceſſaires. Réfléchiſſez ; vous ne ſauriez vous en impoſer vous-même.”

Le Médecin ſalua & ſortit.

“ Comprends-tu quelque choſe à tout ceci, ma chère AGATHE ?”

" Hélas ! oui, Madame ... ma poſition eſt la plus ſingulière qui ait jamais exiſté ... Mais me pardonnerez-vous ?"

" Oui, je te pardonnerai ... Mais comment peux-tu être coupable envers moi ?"

" Je ſuis de la maiſon de C***. On m'a mis page chez la Reine ; malgré mon extrême jeuneſſe, je devins paſſionnément amoureux de vous ... Je ſavois combien vous étiez compatiſſante ; je profitai d'un accident arrivé il y a trois ans, pour faire croire à ma famille que j'avois péri : on l'a cru. J'achetai à Paris des habits de pauvre fille ; & je vins me mettre ſous vos yeux. Je n'eſpérai que d'être pris à votre ſervice, ou d'être placé par vous, & de vous avoir des obligations qui m'approcheroient de vous. Votre extrême bonté a fait davantage. Voilà tout."

« Vous êtes garçon !"

" Oui, Madame," dit le page, en tombant à ſes genoux.

" Je vous ai trop aimé, AGATHE, pour vous haïr . . . Un profond ſecret ! Mais il faut vous éloigner, & que vous employiez la plus grande adreſſe à reprendre votre ſexe !"

" Je le ferai, Madame, pénétré de votre bonté . . ."

" Vous avez détruit le charme de ma vie, par le plus hardi des attentats . . . Mais vous êtes un peu mon parent . . . Mais vous êtes . . . AGATHE . . . Mais . . . je vous adore . . . Vous êtes le premier & le ſeul objet qui ayiez charmé mon cœur . . . Avec quelle adreſſe . . . Par quelle fatalité . . . Je n'en reviens pas !"

« On concevra moins encore comment à l'âge de treize ans, que j'avois, on peut brûler d'une flamme si vive ! J'étois résolu de mourir ou de vous approcher.... J'y devois tout employer."

"Cruel," lui dit Madame DE ***, "je ne saurois plus ... t'aimer ... Mais je ne te haïrai pas ... Je te servirai ... Je mettrai mon bonheur à faire le tien, dans l'état convenable que tu dois embrasser... Rentre dans ta famille ... Reprends ton sexe ... & songe à choisir un moyen qui ne compromette ni ton honneur, ni le mien."

"Il est trouvé," répondit le Page ; il le dit, & Madame DE *** fut contente : mais il faut encore le taire.

La belle Dame sentit alors de quelle importance étoient les avis du Médecin ;

elle le redemanda, lui fit une demi-confidence, & feignit une maladie. Elle mit au monde une fille, qu'elle fit appeler AGATHE. Cette enfant eſt chérie de ſa mère, qui n'en avoit jamais eu, quoiqu'elle eût été mariée. La petite AGATHE a onze ans ; c'eſt la réunion de tout ce qu'ont d'attraits Vénus, l'Amour, les Graces, & & Pſyché. Elle a une belle perſpective ! & le mort heureux à qui elle doit le jour, eſt le ſeul qui doit être inſtruit du ſecret de ſa naiſſance.

On eſt curieux de ſavoir ce qu'eſt devenu ce Page, le plus hardi de tous. Il a ſervi, s'eſt diſtingué ; devenu homme parfait, il a épouſé ſecrettement Madame DE ***, mère de ſa fille. La gêne que leur impoſe une union qu'ils ne peuvent déclarer, les conſerve toujours amans : ils ne ſe voient qu'à la manière des époux Lacédémoniens. Mais

Mais le contentement de leurs cœurs les dédommage. La fauſſe AGATHE eſt un phénomène ! jamais elle n'a reſſenti ni marqué un ſeul déſir à une autre femme.

FIN DU TOME PREMIER.

www.ingramcontent.com/pod-product-compliance
Ingram Content Group UK Ltd.
Pitfield, Milton Keynes, MK11 3LW, UK
UKHW020552180726
13838UKWH00001B/205

9 782329 368665